Bildung im Licht von Beschäftigung und Wachstum

ERZIEHUNGSKONZEPTIONEN UND PRAXIS

Herausgegeben von Gerd-Bodo von Carlsburg

Band 72

Frankfurt am Main · Berlin · Bern · Bruxelles · New York · Oxford · Wien

Sigvard Clasen

Bildung im Licht von Beschäftigung und Wachstum

Wohin bewegt sich Deutschland?

Internationaler Verlag der Wissenschaften

Bibliografische Information der Deutschen Nationalbibliothek
Die Deutsche Nationalbibliothek verzeichnet diese Publikation
in der Deutschen Nationalbibliografie; detaillierte bibliografische
Daten sind im Internet über <http://www.d-nb.de> abrufbar.

Gedruckt auf alterungsbeständigem,
säurefreiem Papier.

ISSN 0723-7464
ISBN 978-3-631-59499-5
© Peter Lang GmbH
Internationaler Verlag der Wissenschaften
Frankfurt am Main 2009
Alle Rechte vorbehalten.

Das Werk einschließlich aller seiner Teile ist urheberrechtlich
geschützt. Jede Verwertung außerhalb der engen Grenzen des
Urheberrechtsgesetzes ist ohne Zustimmung des Verlages
unzulässig und strafbar. Das gilt insbesondere für
Vervielfältigungen, Übersetzungen, Mikroverfilmungen und die
Einspeicherung und Verarbeitung in elektronischen Systemen.

Printed in Germany 1 2 3 4 5   7

www.peterlang.de

Meinen Enkeln

Malin, Leonie, Florian und Carina

Einen Anstoß für diese Arbeit lieferte auch eine mehrjährige Initiative des Lions Clubs Pforzheim zur Bildungsförderung in seiner Region. In ihrem Mittelpunkt standen Ausbildungshilfen für Hauptschüler, Rechtschreibhilfen für Realschüler und Begabtenförderung für Migrantenkinder.

Ihren vorläufigen Höhepunkt erhielt diese soziale Activity im Jahresprogramm 2008/2009, das anhand einer Reihe vorgetragener Bildungsthemen ausgerichtet wurde. Hierfür sei dem Präsidenten Dr. Holger Isensee besonders gedankt.

Inhalt

I. Vorbemerkung 9

II. Zum Begriff und Wesen von Bildung 10

III. Überlieferte Bildungsideen 16

IV. Realitäten unserer Bildungsgesellschaft 19

   1. Ausbildungsfähigkeit und Berufstätigkeit
      erfordern in erster Linie Bereitschaft 20

   2. Im Elternhaus ab der ersten Stunde
      beginnt die Bildung unserer jungen Generation 24

   3. Auch Verhaltensrichtungen und Umgangsformen
      sind Bildungsprodukte 28

   4. Schulabschlüsse sind kein Gradmesser
      für Bildungsqualität 32

   5. Zum Leistungsvermögen von
      Kindertagesstätten und Schulen 36

   6. Unser Hochschulwesen steht im Schatten
      von internationalen Vorbildern 39

   7. Ein Gesamtbild daraus 42

V. Beschäftigung und Wachstum –
zwei Fundamentalziele unserer Gesellschaft 44

VI. Wohin bewegt sich Deutschland? 58

   1. Geldwerte Zuwächse – ein trügerisches Vorbild 60

   2. Unsere Bildung und Sozialstaatlichkeit
      sind zukunftsunfähige Zwillingskinder 63

   3. Bildungspolitik braucht einen lebensnahen
      und ideologiefreien Umgang mit
      Chancen, Leistung und Gerechtigkeit 66

4. Integration bedarf zweierlei:
   Bildung und Beschäftigung 71

5. Nur eine auf Transparenz und Offenheit eingestimmte
   Bildungspolitik kann zukunftsgerecht sein 73

6. Korrespondieren die Probleme unserer Bildung
   mit der Qualifikation oder nur mit den Wesenszügen
   unserer politisch Verantwortlichen? 74

7. Die Schlüsselfrage:
   Schaffen wir uns lebensfähige Strukturen? 75

VII. Ein vorweggenommener ‚Bildungsgipfel‘ 79

Anmerkungen 91

Autor 101

I. Vorbemerkung

Bildungsfragen erleben in den letzten Jahren eine besondere Renaissance. Sie erfahren in der öffentlichen Auseinandersetzung eine oft geradezu kontroverse Zuspitzung. Das hat seine Gründe in den Realitäten und in den Ansprüchen an die Bildung unserer Gesellschaft.

Im Grunde ist das erstaunlich. Denn man sollte annehmen, dass ein kulturell und geschichtlich gereiftes Land wie das deutsche nach dem Ende des Zweiten Weltkriegs einen im Großen und Ganzen angepassten Bildungsfortschritt seiner Bevölkerung besorgt hätte. Das ist aber nicht der Fall. Wer sich einen Überblick verschafft, muss das Gegenteil zur Kenntnis nehmen: Der Bildungsstand unserer Gesellschaft ist hinsichtlich Niveau und Verbreitung von außerordentlichen Unzulänglichkeiten durchsetzt.

Die heute immer breiter geführte Diskussion lässt leicht in den Hintergrund treten, dass insbesondere die Fragen zur Bildungsökonomik bereits in den 60er Jahren eingehend behandelt worden sind. Es gehört aber zu den Wesenszügen unserer parlamentarischen Demokratie, dass schlichte Erkenntnis und fachkundige Empfehlung einerseits und deren politische Aufnahme und Umsetzung andererseits oft nicht übereinstimmen.

Heute steht über dem Dilemma dieser Diskrepanz – wie bei anderen fundamentalen gesellschaftlichen Fehlentwicklungen auch – die Lebensfrage: Wie wird vor allem die nächste Generation über die von uns zu verantwortende Vergangenheit und Gegenwart im Bildungsbereich gestellt sein und urteilen müssen?

Dass diese Frage inzwischen viel Gewicht bekommen hat, erwies sich auch mit der Jahrestagung des *Vereins für Socialpolitik* im Jahr 2007 in München. Ihr Generalthema lautete „Bildung und Innovation"; es war die bislang bestbesuchte Veranstaltung dieser international angesehenen Vereinigung von Wissenschaftlern seit ihrer Gründung im Jahr 1873.

Bildung sollte eigentlich heiter stimmen. Unsere Fragen an die Bildung vermitteln aber eher Bedrückung. Dem müsste auch ein Goethe zugestimmt haben, obwohl er bekannte: „Dem Heiteren erscheint die Welt auch heiter".

Die vorliegende Textfassung wurde im Jahre 2008 abgeschlossen.

II. Zum Begriff und Wesen von Bildung

Ich hatte meine älteste Enkeltochter Carina, die 14-jährig die achte Gymnasialklasse in Nordrhein-Westfalen besucht, gebeten, mir auf einer Seite aufzuschreiben, was sie unter Bildung versteht. Postwendend erhielt ich von ihr einen sorgfältig geschriebenen Brief. Darin heißt es im Frühjahr 2008:

„Bildung ist für mich, etwas zu lernen. Wenn man viel weiß, ist man ein gebildeter Mensch und kann dies an andere Menschen weitergeben. Bildung bedeutet zu wissen, was man tut und darüber nachzudenken. Außerdem bin ich der Meinung, dass man ohne Bildung im Leben nicht sehr weit kommt ... Schule spielt (bestimmt) eine sehr wichtige Rolle ... und ich sehe deshalb ein, dass es wichtig ist, in der Schule und auch später (beim Studieren, beim Arbeiten, ...) weiterzukommen. Auch wenn es viele schönere und oft auch wichtigere Dinge (wie Freundschaft, Liebe, Familie und Spaß) gibt." Und sie ergänzt dann noch: „Bildung bedeutet, selbständig zu werden, sein Wissen zu erweitern und eine starke und tüchtige Persönlichkeit zu entwickeln ..."[1]

Welches sind die tiefer liegenden Wesenszüge von Bildung?

1. Unverzichtbar ist die Aneignung von Wissen. An erster Stelle stehen die Grundfähigkeiten von Sprache, Lesen und Schreiben, von Rechnen und IT-Anwendung. Darüber hinaus ist es der unbegrenzbare Bereich von Kenntnissen über berufliche Praktiken, über Gesellschaftliches, Naturkundliches und Weltkundliches.

2. Aber Bildung ist mehr als Wissen. „Nur durch Bildung erschließen wir Wissen" sagt Roman Herzog.[2]

   Sehr entschieden formuliert das ein Thesenpapier des Managerkreises der Friedrich-Ebert-Stiftung: „Die eigentliche Herausforderung des 21. Jahrhunderts ist im Kern die Bildungsgesellschaft. Denn Wissen muss begriffen werden".[3]

   Der Bürger erfährt immer wieder: Wir sind eine *Wissensgesellschaft*. Was aber wissenswert ist und in den Kern einer Bildungsgesellschaft gehört, wird vielen ihr Leben lang nicht bewusst.[4]

3. Bildung ist geistige und emotionale Orientierung. Sie hat zwei wichtige Bezüge: den einzelnen Menschen und seine ihn umgebende Gemeinschaft. „Bildung ist gleichzeitige Autonomie und soziale Eingebundenheit".[5] Das heißt auch: Bildung ist eine Sache unseres sich persönlich und sozial orientierenden Bewusstseins. Bildung ist Persönlichkeitsentwicklung.

4. Bildung kann es also *nicht abstrakt* geben. Sie braucht Anhaltspunkte, Vorbilder und Wegweisungen. Hierzu gehören Vorstellungen über zuträgliche Verhaltensweisen, über Anstand und Benehmen. Das Zusammenleben

von Menschen erfordert Hilfsbereitschaft und Solidarität sowie Toleranz und menschenzugewandtes soziales Empfinden. Selbstverpflichtung und Eigenverantwortung ist so unverzichtbar wie die Bereitschaft zur persönlichen Teilhabe, zu Anstrengung und Leistung.

Wozu nutze ich meine Freiheit ist eine elementare Bildungsfrage. Sie wirkt damit immer in die Gesellschaft hinein; auch deswegen braucht sie Wegweisungen. Es gehören also Grundtugenden dazu, die eine Gesellschaft für eine gesunde Fortentwicklung nötig hat: zum Beispiel das Respektieren von Ehrlichkeit und das Geltenlassen von Wahrheiten. Ein möglichst lebhaftes Problem- und Konfliktbewusstsein darf deshalb nicht fehlen. Und ebenso nicht eine ordentliche Portion von persönlicher Selbstkritik. „Was siehst du aber einen Splitter in deines Bruders Auge, und des Balkens in deinem Auge wirst du nicht gewahr".[6]

5. Bildung hat Funktionen, die sowohl auf den einzelnen Bürger als auch auf seine Umgebung und Gesellschaft zurückwirken. Bildung ist kein Selbstzweck. Im persönlichen Bereich bietet sie die Möglichkeit zur Selbstachtung, zur Selbstverwirklichung durch aktive Lebensgestaltung in Beschäftigung und Freizeit. Im gesellschaftlichen Bereich schafft erst sie die Voraussetzung für zivilisatorische und kulturelle Evolution. In der Evolution liegt praktisch der Auftrag an den Menschen, sich Aufgaben zu stellen und Probleme zu lösen. Deshalb sollten Menschen gelernt haben, sich aufgabengerecht und problemgerecht zu verhalten. Ein erstes Gebot lautet dann: definiere das Problem. Ein zweites: betrachte die damit verbundenen Problemketten, die Beziehungen von Ursachen und Wirkungen. – Erst dann verhalten wir uns konstruktiv aufbauend und fortschrittlich, kurz: positiv evolutionär.

6. Aber Bildung *garantiert nicht*. Bildung ist kein Gütesiegel, das eine bestimmte Ergebnisqualität zusichert.

Das betrifft in erster Linie das Denken selbst. Auch das Denken eines persönlich und fachlich gebildeten Menschen führt ihn nicht immer verlässlich zu *richtigen* Lösungen, die problemadäquat sind. „Erst mit der Reflexion fängt der Irrtum an", bezeugt uns Friedrich Schiller unmissverständlich. Vor fehlgehenden Gedankengängen und Entscheidungen ist letztlich kein Gebildeter vollends gefeit.

Noch ein weiteres ist geschichtlich und gesellschaftspolitisch zu konstatieren: Bildung ist ebenso wenig ein Garant für die Qualität von Verhalten, insbesondere für die Qualität von gelebter Moral. Der Mensch bleibt – mit und ohne Bildung – ein zum Guten und zum Bösen taugendes Wesen. Seine biologischen Veranlagungen sind so angelegt, dass sie ihn dazu bringen können, selbsttätig oder von außen beeinflusst auch Unheil hervorzubringen oder zuzulassen. Menschen können mehrere Seelen in ihrer Brust haben.

„Wir müssen einräumen", sagte Charles Darwin, „dass der Mensch mit all seinen hohen Eigenschaften noch immer in seinem Körper den unauslöschlichen Stempel seines niederen Ursprungs trägt".

7. Auch in einer ausgeprägten Bildungsgesellschaft werden Charaktere mit schwachen oder skrupellosen Neigungen existieren. Bestenfalls bleiben sie beherrscht und kontrolliert.

Wie verbreitet die Möglichkeiten von Verführbarkeit selbst in reiferen Bildungsgesellschaften sein können, belegt die Vergangenheit. So erlebten wir am 10. Mai 1933, bereits kurz nach dem Machtantritt Hitlers, wie zahlreiche Gruppen innerhalb der gesamten deutschen Studentenschaft in nahezu allen deutschen Universitätsstädten zu einer umfangreichen Bücherverbrennung aufgerufen haben.[7] Und selbst in Pforzheim, der Stadt Reuchlins, dessen Kampf um die Erhaltung jüdischer Schriften im 16. Jahrhundert hier ja hinlänglich bekannt gewesen sein dürfte, gab es am 17. Juni 1933 auf dem Marktplatz ein ähnliches Schauspiel. Es wurden Bücher von nationalsozialistisch geächteten Literaten wie Thomas Mann, Werfel, Zuckmayer, Kisch, Brecht, Zweig und Feuchtwanger demonstrativ auf den Scheiterhaufen geworfen. Dies geschah sozusagen nicht auf der Straße, sondern aus einem gebildeten Milieu heraus.

8. Die Geschichte der Menschheit ist eine Ansammlung von Beispielen, in denen sich Bildung einerseits und Elemente wie Hass und Machtstreben, destruktiver Egoismus und Verantwortungslosigkeit andererseits in ein und derselben Person begegnet sind. Das dürfen wir auch in Zukunft nicht ausschließen. Der amerikanische Autor Jared Diamond geht in seinem bemerkenswerten Buch KOLLAPS der Frage nach, warum Gesellschaften überleben oder untergehen.[8] Wir entnehmen daraus eine lehrreiche Darstellung von geschichtlich fehlgeleiteten Entwicklungen. So heißt eine Passage daraus:

„Wie die meisten Herrscher der Menschheitsgeschichte, so grübelten auch die Könige und Adligen der Maya nicht über langfristige Probleme, soweit sie diese überhaupt wahrnahmen ... und wie die Häuptlinge der Osterinsel, die immer größere Statuen errichteten ..., so wollten auch die Mayakönige sich mit immer größeren, eindrucksvolleren Tempeln gegenseitig übertreffen ... Vervollständigt wird unsere Liste der beunruhigenden Parallelen durch die Untätigkeit der Häuptlinge auf der Osterinsel und der Mayakönige angesichts echter, großer Gefahren, die ihre jeweiligen Gesellschaften bedrohten".[8]

Wissenschaft und Erkenntnis durch Bildung reichen nicht aus, um sicherzustellen, dass die richtigen Weichenstellungen für eine gesunde gesellschaftliche Fortentwicklung stattfinden. Bildung kann sich sogar – wie extreme Geschichtsvorfälle zeigen – in einer Art von ideologischer Besessenheit den eigenen *Freitod* verordnen. So geschah es in China im Zuge der Kulturrevolution 1966-1976 mit der dort in vollem Bewusstsein von oben verordneten *Auflösung des nationalen Bildungssystems*.

Selbst Wissen um die Dinge ist keine verlässliche Sperre gegen absehbare Katastrophen. Ein jüngstes Beispiel aus dem wirtschaftlichen Bereich liefert die im September 2008 lawinenartig losgetretene weltweite Finanzkrise. Sie war im Grunde vorhersehbar, sie erhielt Vorwarnungen, und dennoch mangelte es an rechtzeitiger verantwortlicher Vorsorge.[9] Sie bringt Verhaltenselemente von vergleichbarer Missachtung und Überzogenheit zutage, wie sie in vorangegangenen Geschichtsverläufen mit zerstörendem Ausgang wiederholt stattgefunden haben. Bedingungen für gesellschaftlichen Niedergang sind gleichermaßen auch ihr Ursprung.

9. Aber trotz aller unbeherrschbaren menschlichen Verirrungen und Entgleisungen ist Bildung gesellschaftlich unersetzlich. Erst Bildung macht Problembewusstsein und Problemlösungskompetenz möglich. Erst Bildung erzeugt Hemmschwellen gegen Fehlverhalten. Erst Bildung animiert das menschliche Gewissen in konkreten Situationen und erst Bildung vermittelt Selbstdisziplin.

Mit anderen Worten: Nur bildungserfahrene Menschen können sich ihrer Verantwortung bewusst sein. Nur sie können wissen, was sie tun; nur sie können sich selbst positiv korrigieren. Und nur gebildet erwachsen gewordene Persönlichkeiten sind in der Lage, sich in ihrem Denken und Handeln zu disziplinieren. Gewissenhafte Verantwortlichkeit und Selbstdisziplin sind die sich erst aus Bildung formenden Kräfte, die eine Gesellschaft, die überleben will, existentiell aus sich heraus immer wieder erneut hervorbringen muss.

Die Zukunftsfähigkeit einer Gesellschaft ruht auf ihrer verbreiteten *Gewissenhaftigkeit*, ihrer *Verantwortlichkeit* und ihrer *Selbstdisziplin*. In diesen Merkmalen ist ihr *Bildungsgrad* abzulesen. Sie sind das eigentliche Spiegelbild ihrer Bildung. Das gilt auch für den Umkehrschluss: Je weniger verantwortungsgerecht und disziplingerecht eine Bürgergesellschaft und ihre Politiker agieren, je mehr deutet das auf einen niedrigen Reifegrad ihrer Bildung. Der *Reifegrad ihrer Bildung* ist – bei aller menschlichen Fehlbarkeit – der adäquate Ausdruck für den Zustand und die Befähigung einer Gesellschaft. Er bestimmt geradezu ihr Lebensschicksal.

Im Grunde hat sich deshalb jede zuständige Bildungspolitik diese schlichte Selbsterkenntnis zu Eigen zu machen. Hieraus bemisst sich letztlich ihre Qualifiziertheit. Und hiernach hat sie auch Bildungsinhalte und Bildungssysteme auszurichten.

10. Gerade eine demokratisch angelegte Gesellschaft macht Bildung zur Grundbedingung. Bildungsferne Menschen können die wirtschaftlichen und sozialen Entwicklungen, ihre Zwänge und Voraussetzungen, schwerlich nachvollziehen. Und Menschen von zu unterschiedlicher Bildung verstehen einander oft nicht. Bildungsarmut liefert sich unkritisch populistischen Werbesprüchen aus und destabilisiert das gesellschaftliche Gedeihen.

11. Jede Zeit hat ihre ausgeprägteren Denkrichtungen, die sich bis zu Dogmen verfestigen können. Diese steuern den Entwicklungsprozess von Bildung und Bildungssystemen kräftig mit.

Friedrich von Hayek hat sich mit solchen Zeitströmungen eingehend auseinandergesetzt:

„Während die Ideen von Hume und Voltaire, von Adam Smith und Kant den Liberalismus des neunzehnten Jahrhunderts hervorgebracht haben, schufen die Ideen von Hegel und Comte, von Feuerbach und Marx den Totalitarismus des zwanzigsten Jahrhunderts".[10]

Bildungspolitisch bedeutsam ist auch Hayeks Hinweis auf die Wissenschaftler, die seinerzeit den Ruhm der 1794 in Paris gegründeten École Polytechnique in europäische Länder trugen:

„Sie befassten sich kaum mit menschlichen und gesellschaftlichen Problemen ... Die allgemeine Einstellung der Polytechniker war die entschieden praktische Tendenz ..., dass alle Wissenschaften hauptsächlich in ihren praktischen Anwendungen gelehrt wurden ... Hier wurde der echte Ingenieurtyp, dieser synthetische Geist, geschaffen, ... und seine Neigung zum Sozialismus ist oft aufgezeigt worden".[11]

Geht Deutschland heute mit seinem Bildungssystem, insbesondere mit seiner obligatorischen Hochschulverkürzung auf den Bachelor-Abschluss, einen ähnlichen Weg? Die gestraffte Studienvermittlung in den meisten Disziplinen legt den Schluss nahe, dass die zugrunde liegende Bologna-Übereinkunft den Ansprüchen an die persönliche und fachliche Befähigung der Zukunft geradezu zuwiderläuft.

Denkrichtungen beeinflussen das allgemeine Bewusstsein jedes Gebildeten. Nicht die Bildung schlechthin, sondern ihre geistige Orientierung, ihre gedankliche Ausrichtung ist es, was sich primär zukunftsbestimmend auswirkt. Wohin unsere Reise geht, hängt von den Strömungen und Richtungen des Denkens in unserer Gesellschaft ab. Auch Lenin war ein gebildeter Mensch. Und alle unsere bundesdeutschen demokratisch gewählten Parteien verfügen über Mitglieder, die man zu den Gebildeten rechnet. Auch für sie kann gelten, „dass sich Extreme im Denken ebensowohl im Irrtum als auch in der Wahrheit treffen können".[12] Und „solche Irrtümer werden manchmal ... zu Dogmen".[13] Heute sprechen wir in solchen Fällen vorwiegend von Ideologien. Sie sind es, die auch dem bildungswilligen Bürger eine Orientierung auf tragfähige Entwicklungen schwer machen.

III. Überlieferte Bildungsideen

1. In unserer modernen Welt steht die Vorstellung von Bildung als Kulturgut nicht im Vordergrund. Es ist schwer, innerhalb unseres Bildungssystems überhaupt eine Verbindlichkeit von Zielen zu erkennen. Das entspricht unserer Losgelöstheit von traditionellem Gedankengut aus früheren Jahrhunderten.

   Es wäre aber überheblich und schädlich, wollten wir uns von den überkommenen Bildungsvorstellungen verabschieden. Denn Vieles daraus hat überzeitlichen Wert. Warum sollten wir sie neu erdenken? Deshalb geschieht hier ein kurzer Abriss im Sinne einer gewissen Wiederbelebung.

2. Auf dem Boden von abendländischer Kultur und Aufklärung entstand das Bewusstsein einer klassischen Bildung. Diese führt mit dem Bild des Kulturmenschen weit zurück auf Platon und Aristoteles. Besondere Erneuerung erhielt sie Anfang des 19. Jahrhunderts durch Wilhelm von Humboldt. Sein Bildungsideal hieß *Bildung durch Wissenschaft*; seine Vorstellung war die mit einem breiten Wissen ausgestattete Persönlichkeit, die Urteilskraft und Entscheidungsfähigkeit besitzt.

3. Mit zunehmender Unverbindlichkeit der klassischen Bildungsideale verlor sich auch das Merkmal von Bildung als allgemein anerkannte und erstrebenswerte persönliche Qualifikation. Die politische Sprachführung wie Pluralismus, multikulturelle Gesellschaft und soziale Gerechtigkeit hat unsere Leitvorstellungen über Bildungswerte vernebelt und vor näher liegenden Populismen zurücktreten lassen. Man kann nahezu sagen: An die Stelle von Verbindlichkeit von Bildungswerten sind Berechtigungen getreten, zum Beispiel das Recht auf Menschenwürde, auf Gleichberechtigung, auf Antidiskriminierung, auf soziale Unterstützung, nicht zuletzt auch das Recht auf Selbstbestimmung und Freiheit. Sogar von einem Recht auf Arbeit war gelegentlich zu hören. Aber im gleichen Atemzug nicht auch von einer Pflicht zur Arbeit; sonst hätte auch von einer Pflicht zur Bildung öffentlich die Rede sein müssen.

   Ist nicht eigentlich einem Menschen, der Menschenwürde für sich persönlich beansprucht, auch zugedacht, dass er aus eigenen Stücken bildungsbestrebt ist? Selbst in abgeschiedenen Regionen unserer Welt, wie in Australien oder Neuguinea, paart sich Menschenwürde immerhin mit existentieller Lebenstauglichkeit des Einzelnen. Von vielen Mitbürgern unserer Gesellschaft gilt das heute bedauerlicherweise nicht.

4. Geradezu wegweisend stellte Ernst Bloch in seiner Veröffentlichung „Prinzip Hoffnung" fünf Fragen, die für die persönliche Lebensführung früher wie heute grundlegend sind: „Wer sind wir? Wo kommen wir her? Wohin gehen wir? Was erwarten wir? Was erwartet uns?"[1] – Das sind die eigentlichen, die fundamentalen Bildungsfragen.

Auf eine prägnante Kurzform brachte Nietzsche diesen Gedanken: „ Das Perspektivische ist die Grundbedingung allen Lebens".

Zugleich erhalten wir aus den Gesta Romanorum die Mahnung: „Was du auch tust, tue es klug und bedenke das Ende".

5. Bildung wozu? Überzeitliche Geltung kommt Pestalozzi mit seinem Hinweis auf Lebenstauglichkeit im Beginn des 19. Jahrhunderts zu. Für ihn haben Arbeit und Gemeinschaftsleben besonderen erzieherischen Wert. Und „Sittlichkeit durch Bildung" verdiene den höchsten Rang in der Lebensführung!

6. Welchen Wandel unsere Gesellschaft bildungsgeschichtlich erlebt hat, markiert auch ein Wort von Montesquieu im 18. Jahrhundert: Er bezeichnete Langeweile als „eine elitäre Krankheit", eine Krankheit des Adels. Sein Zeitgenosse Rousseau griff diesen Gedanken auf und setzte hinzu: „Das Volk langweilt sich nicht; es führt ein tätiges Leben ... Die große Geißel der Reichen ist die Langeweile".[2]

Wie sehen unsere gesellschaftlichen Strukturen heute aus? Wer sind unsere sogenannten Reichen, was tun sie, was leisten sie? Sie sind durchweg weder adelig noch gelangweilt und arbeitsscheu, sondern in vielen Fällen ausgesprochen fleißig und leistungsstark. Und wo, in welchen Bevölkerungsgruppen und Regionen finden heute Langeweile und Inaktivitäten statt? Unsere Gesellschaft hat sich inzwischen grundlegend gewandelt. Wir werden darauf zurückkommen.

7. Rousseau war ebenfalls Zeitgenosse von Voltaire. Voltaire setzte auf den Siegeszug der Aufklärung, der innerhalb einer modernen, geistig aufgeschlossenen Gesellschaft alle darin lebenden Menschen erreichen würde. Erziehung und Ausbildung sollten das ermöglichen. Mit Entschiedenheit stellte sich Rousseau gegen diese Auffassung: Der Mensch sei von Natur aus gut; und gerade die Gesellschaft, ihre Erziehung und Bildung machten den Menschen unnatürlich, sie verdürben seine natürlichen Eigenschaften.[3]

Heute dürfen wir uns daran erinnern, dass es erst 40 Jahre her ist, seitdem unter dem Einfluss der Achtundsechziger in Deutschland Bildungsentwicklungen in Gang gesetzt worden sind, die bis zur Verbannung von Autoritäten und gehobeneren Bildungsansprüchen führten. Nicht ein Voltaire, sondern die gedankliche Frucht eines Phantasten wie Rousseau wirkte sich also nachhaltig bis in unsere Jahre aus. – Auch darauf werden wir noch zurückkommen.

8. In Erinnerung bringen möchte ich einige Überzeugungen des Physikers und Nobelpreisträgers Erwin Schrödinger aus dem vorigen Jahrhundert, die er in „Geist und Materie" veröffentlicht hat:

In der Evolution zeige sich, dass Überlebensfähigkeit nur mit Spezialisierung einhergeht.

„Das Einfache und Simple ist sozusagen nicht stabil ... Der Mensch muss sein Verhalten ändern, und das tut er nicht durch Vererbung wie die Tiere, sondern durch eigenen Antrieb. Er selbst und nicht seine Gene bestimmen seine Fähigkeiten im Leben". Und ferner: „Verhaltensweisen übertragen sich auf den Nachwuchs durch das Beispiel und durch das Lernen ...Menschen kommen nur durch Zusammenwirken von Anlagen und kultureller menschlicher Umgebung zustande ... und das häusliche Niveau gehört dazu (Nature and Nurture!)".[4]

Dieses Bekenntnis betrifft geradezu schicksalhaft unser gesellschaftliches Fortschreiten. Wir Menschen brauchen, global gesehen, ein Bewusstsein zum existentiellen Überleben. In den Worten von Schrödinger werden wir zum „Hemmschuh für die Evolution", wenn wir uns mit den möglichen Positionen unserer Gesellschaft innerhalb der zukünftigen Weltgemeinschaft nicht vorsorglich auseinandersetzen. Unsere Bildungsverhältnisse genügen diesen Anforderungen bei weitem nicht.

IV. Realitäten unserer Bildungsgesellschaft

Vielleicht beginne ich mit Alison Louise Kennedy, einer 1965 in Schottland geborenen und heute namhaften britischen Schriftstellerin. 2008 erhielt sie den Internationalen Eifel-Literaturpreis und sagte in ihrer Dankesrede:

„In Großbritannien haben wir die letzten Jahrzehnte damit verbracht, unser Bildungssystem zu zerstören ... Die jungen Leute, die von unserem staatlichen Bildungssystem abhängig sind, werden ... grundlegend geschädigt ... All das führt dazu, dass wir einsamer, ängstlicher und anfälliger für Manipulation durch Werbung, Journalisten und Politiker werden ... Nicht zufällig erleben wir eine Häufung von Jugendkriminalität und Selbstzerstörung, und ebenso wenig zufällig lässt unsere Bevölkerung es zu, in einem Netz aus ... Schulden, Fettleibigkeit und Vollrausch gefangen zu sein ... Unsere Sprache, unsere Erzählungen und unsere Fähigkeit, uns auszudrücken, sind ... essentielle Lebensgrundlagen, die aber zerstört werden. Mir ist klargeworden, dass wir uns gerade ... Selbstvernichtung zu Eigen machen".[1]

Hebt sich Deutschland von diesem Bild sonderlich positiv ab?

Beschäftigung und wirtschaftliches Wachstum tragen unser gesellschaftliches Wohlergehen. Ich werde im nächsten Kapitel Konkreteres dazu ausführen. Beide Zielwerte bedürfen der Erfüllung von Kausalketten, die in sich funktionieren müssen. Bildung ist darin ein unabdingbares Element. Außerdem gilt:

Stellen wir beide Zielwerte nebeneinander, so steht die *Beschäftigung von Menschen* in ihrer gesellschaftlichen Wertigkeit über derjenigen des wirtschaftlichen Wachstums. Beschäftigung in einer dem Menschen und der Gesellschaft dienenden Weise anzustreben und aufrechtzuerhalten gehört sowohl in den existentiellen als auch in den geistig-seelischen Verbund mit unserer Menschenwürde.

In diesem Kapitel geht es um die Bildungswirklichkeit. Besonders herausgehobene Schwerpunkte sind die Bildungsbereitschaft unseres Nachwuchses, die Beiträge seiner Eltern und die hauptsächlich daraus fließenden Verhaltensrichtungen und Umgangsformen. Ferner kommentiere ich unsere Schulabschlüsse, die Qualitäten unserer Erzieherinnen und Lehrer sowie unser Hochschulsystem.

Auch für unsere Politiker stehen Bildungsfragen nicht erst neuerdings auf der Agenda. So führte bereits Willy Brandt im Vorwort zum Bildungsbericht seiner Bundesregierung 1970 aus:

„Nichts kennzeichnet eine Gesellschaft treffender als die Bildung ihrer Bürger ... Bildung und Wissenschaft sind Maßstab für den Stand einer Gesellschaft und Voraussetzung für die Jahr um Jahr notwendigen Steigerungen von Produktivität und wirtschaftlicher Leistung".[2]

In der Koalitionsvereinbarung der Rot-Grünen Bundesregierung 1998 ist von „zukunftsorientierter Bildung" und von notwendigen „Rahmenbedingungen für nachhaltiges Wachstum" die Rede.

Und Bundeskanzler Gerhard Schröder verkündete am 19.01.2005 in Berlin vor Eröffnung des Einstein-Jahres:

„Lassen Sie uns die kommenden Monate dazu nutzen, in Deutschland eine neue Kultur der Wissenschaften zu entwickeln".[3]

Letztlich haben sich alle bisherigen politischen Bildungspostulate nicht als wirklich ernsthaft und durchsetzungsbereit erwiesen. Wer sich im deutschen Bildungswesen von 2008 auskennt, könnte geneigt sein, Ronald Reagan achselzuckend zuzustimmen:

„Government is not the solution of our problem. Government is the problem". In Deutschland sind es der Bund und 16 Bundesländer, die bildungspolitisch bestimmen und Bildungsmängel wesentlich zu vertreten haben.

1. Ausbildungsfähigkeit und Berufstätigkeit erfordern in erster Linie Bereitschaft

Ohne persönliche Bereitschaft geht gar nichts. Bereitschaft ist aber kein Naturprodukt. Sie ist entwickelbar und mobilisierbar. Elternhaus, Kindergarten und Schule stehen dafür in erster Verantwortung. Fehlende Bereitschaft ist die schwerwiegendste Triebkraft von Bildungsmangel!

Im Grunde hat erst der PISA-Bericht der OECD[4] im Jahr 2001 unserer breiteren Öffentlichkeit ein größeres Problembewusstsein für die sich aufgestauten Fehlentwicklungen verschafft. Vorher haben sich Schulbehörden und Kultusministerien über mehrere Jahrzehnte hierüber sehr bedeckt gehalten. Deshalb sind auch überaus dringliche Korrekturen solange ausgeblieben.

1. Ein Kernproblem sind unsere bisherigen Hauptschulen.

    Nach Stichprobenermittlungen an deutschen Schulen schwänzen durchweg 15 Prozent der Hauptschüler regelmäßig ihre Schule.[5]

    Diese Art von Schulverweigerung ist auch im Zusammenhang mit dem hohen Anteil von Jugendlichen zu sehen, die die Hauptschule ohne Abschluss verlassen. Das ist ein Jahrgangsanteil von 10 Prozent.[6] Hieraus summieren sich alljährlich rund 80.000 Abgangsschüler, und das geschieht seit 20 bis 30 Jahren mit steigender Tendenz.[7] Über einen Zeitraum von 10 bis 12 Jahren erwachsen aus diesem Notstand rund 1 Million Jugendliche ohne schulische Qualifikation, also ohne eine in ihrem bisherigen Leben ablesbare Bereitschaft zur aktiven gesellschaftlichen Teilnahme. Hierin wiederum fällt ein Migrantenanteil mit rund 20 Prozent stark ins Gewicht.[8]

    Das bedeutet schlechthin Bereitschaftsmangel in hoher Potenz; staatliche und gesellschaftliche Verfehlung bildet sich darin ab.

2. Wenn wir einen Blick auf die Berufsausbildung unseres jugendlichen Nachwuchses werfen, wird das Bild über die Abgänger aus allen Schulen noch misslicher:

Nach sorgfältigen Schätzungen gelten rund 20 Prozent aller Schulabgänger als nicht ausbildungsfähig.[8]

Fast jeder zweite Jugendliche in Deutschland besitzt keine abgeschlossene Berufsausbildung. Und wer in der Lage ist, einen Ausbildungsvertrag abzuschließen, bricht ihn in 25 Prozent aller Fälle anschließend wieder ab.[9] Besonders hoch ist auch hierin der Anteil von Migrantenfamilien: Es beteiligen sich nur 27 Prozent aller dem Ausland entstammenden Jugendlichen an einer geregelten Berufsausbildung.[10] Aus diesen Verhältnissen erwächst in Deutschland eine Zahl von Erwerbsfähigen ohne berufliche Qualifizierung heran, die sich für die Altersgruppen bis zum 29. Lebensjahr mittlerweile auf 1,3 Millionen summiert.[11]

Hieraus sammelt sich in unserem Land inzwischen ein Strom von Unqualifizierten, die vorwiegend aufgrund fehlender Eigenmotivation arbeitslos sind. Im Jahr 2004 betrug ihre Quote 11,7 Prozent für die Altersklassen 15 bis 24.[12] Sie haben in vielen Fällen über ihre Schulzeit hinaus keine sonderliche Neigung entwickelt, sich wenigstens für in Frage kommende einfachere Arbeiten und Dienste bereitzufinden. Für sie springen umfänglich unsere osteuropäischen Nachbarn ein.

3. Mangel an beruflicher Bildung ist für viele Jugendliche mehr eine Frage ihres Wollens als eine Frage ihres Könnens. Ihr verbreitetes Desinteresse an Vorbildung während ihrer Kindheit und Schulzeit setzt sich in ihrer anschließenden Berufsausrichtung allzu oft fort. „Selbst von 100 erfolgreichen Hauptschulabsolventen landen seit Jahren mehr als 40 in Warteschleifen oder Ergänzungsmaßnahmen verschiedener Trägerstrukturen".[13]

4. Geht man der Herkunft der verbreiteten Schulschwäche und Jugendarbeitslosigkeit mehr auf den Grund, so zeigt sich, dass es vor allem der Nachwuchs aus sozial schwachen Verhältnissen ist, der in diese Gruppen fällt.[14] Hierunter fallen mit hohem Anteil Migrantenfamilien:

40 Prozent aller Einwandererkinder bleiben bisher, wie es heißt, ohne Berufsabschluss, und die Konzentrierung von Einwandererfamilien auf unsere deutschen Großstädte lässt erwarten, dass bereits 2010 unsere dortige Bevölkerung in ihren Altersklassen unter 40 Jahren etwa zur Hälfte aus deren Nachwuchs stammen wird.

„So wurden drei Generationen Einwanderer aus dem gesellschaftlichen Leben ausgeblendet ... und es stolpert eine neue Unterschicht, kaum zum Leben in der globalisierten Welt fähig, aber zur Finanzierung der morgigen Renten bestimmt, aus den Schulen ... Die Gesellschaft muss sich umprogrammieren".[15]

Finnland gibt uns ein gutes Beispiel: Hier gelingt es, „ ... 90 Prozent der Risikoschüler zumindest zu einem Schulabschluss zu führen".[16]

Es kommt noch hinzu, dass es vielen Jugendlichen an der Bereitschaft fehlt, sich nach ihrer Schulzeit auch außerhalb ihres bisherigen Wohnorts um eine Berufsausbildung und Berufstätigkeit zu bemühen. Ihre Mobilität korreliert eng mit ihrem schulischen Bildungsgrad. So lehnen laut einer Studie rund 48 Prozent der Hauptschüler einen Ortswechsel zur Wahrnehmung von beruflichen Chancen ab, während diese Quote für Gymnasiasten lediglich 26 Prozent beträgt.[17]

5. Schaut man eingehender in die Wesenszüge von Abneigung gegen Vorbildung und anschließende Berufstätigkeit, so vermitteln bestimmte Regionen in Deutschland ein besonders kritisches Bild.

Ein Beispiel dafür ist der Landkreis Ostvorpommern. Hierüber existiert eine jüngere *Armutsstudie* von Seiten der Hochschule Fulda, die den Zeitraum 1990-2008 anhand von Erhebungen und Interviews untersucht hat. Die Gespräche mit der dortigen Bevölkerung wurden über mehrere Generationen in einer Familie hinweg geführt. Armut werde dort seit Generationen als etwas Selbstverständliches, nie anders Erlebtes betrachtet; und gerade die Jüngeren sähen in den staatlichen Leistungen eine Selbstverständlichkeit.

„Armut erscheint als eine tradierte Lebenslage ... Die Armut ist vor allem bei Männern anzutreffen, die kaum gebildet sind und zu deren Leben Rauschgifte gehören, Alkohol und Gewalt". Im Übrigen mache Ostvorpommern offenbar nur durch, was auch andere ostdeutsche Gebiete seit dem Ende der DDR erleben: eine „Kultur der Armut".[18] – Präziser hätte es heißen müssen: eine *Kultur der Bereitschaftslosigkeit*. Sie hat sich überall in Deutschland ausgebreitet.

6. Unsere Vorstellung von Arbeitslosigkeit wurde in früheren Krisenzeiten des 20. Jahrhunderts geprägt. Es ging um Nachkriegsentwicklungen, um Weltwirtschaftskrise und um konjunkturelle Flauten. Arbeitsplätze brachen leidvoll weg, obwohl die Menschen dafür qualifiziert und um ihre Besetzung bemüht waren. Heute hat Arbeitslosigkeit, wenn wir von besonderen Auswirkungen wie der jüngsten Finanzkrise absehen, vorwiegend ein anderes Vorzeichen. Es sind nicht so sehr die im Politischen beschworenen unzureichenden Angebotsbedingungen und nicht die Nachfragezurückhaltung, die hauptsächlich blockieren. Hauptfaktor ist – neben bürokratisch verordneten Einschränkungen der erforderlichen Arbeitsmarktflexibilität –

ein fehlentwickeltes Bildungswesen. Insoweit haben wir es mit bildungsbedingter Arbeitslosigkeit und Wohlstandsbelastung zu tun.

7. Jüngst hat es geheißen: Deutschland fehlen 70.000 Ingenieure und die Fachkräftelücke würde immer größer; gleichzeitig seien aber auch 72.000 Ingenieure arbeitslos gemeldet.[19] Es geht also nicht nur um die fehlenden Neuzugänge von beruflich geschulten Menschen, sondern auch um deren lebenslanges Engagement für berufliche Qualifikation durch ständige Weiterbildung. Auch ein Resultat aus unzureichender Bereitschaft.

Das erfordert eine neue Art von gesellschaftspolitischem Denken. Wie reagiert Politik auf unsere derzeitige Situation, „dass Lehrlinge dringend gesucht werden"? Die bildungspolitische Sprecherin der Linksfraktion im Bundestag, Nele Hirsch, sollten wir nicht überhören:

„Fast 400.000 Jugendliche suchen seit mehr als einem Jahr nach einem Ausbildungsplatz. In ihren Ohren muss es wie Hohn klingen, wenn Arbeitgeber plötzlich über fehlende Bewerbungen klagen".[20]

Hier wird keine kausale Querverbindung zu unseren Bildungsverhältnissen geschaffen, sondern ideologisch abgewiegelt.

8. Wir erleben hier ein Phänomen, das im Fachlichen mit *schleichender Normalität* beschrieben wird.[21] Unser Bildungsverfall kam nicht über Nacht in der Art eines plötzlichen Crash zustande, sondern in sich schrittweise verdichtenden Prozessen. Solche Erscheinungen von allmählicher Verschlimmerung sind geschichtlich und aktuell sehr verbreitet. Und Menschen versuchen oft unwillig und tatenlos, sich damit lediglich zu arrangieren. Wir kennen dieses Verhalten im Ökologischen, in der Umwelt- und Klimazerstörung, in der Hinnahme von überzogenen kapitalistischen Egoismen, in der Duldung von Bausünden und in unredlicher politischer Auseinandersetzung. Insofern sind wir keine ausgeprägt lernende Gesellschaft. Wir reagieren nicht nachhaltig.

Stattdessen nehmen wir in Kauf, dass sich unsere Gesellschaft in sich selbst schädlich verändert. Auch dessen werden wir uns erst allmählich bewusst. Tatsächlich aber geschah bereits mit dem „Umbruch der 60er Jahre ein Umsturz unserer Alltagskultur ... und hier sind Alltagsvernunft und das richtige Maß zum Teil verlorengegangen".[22] „Lernunfähigkeit ist das Merkmal untergehender Gesellschaften".[23]

Man kann es auch anders ausdrücken: Unsere Gesellschaft verhält sich nicht wie ein tatenbeflissener lebensfähiger Problemlöser. Sie verhält sich eher wie in einem sich selbst ermüdenden Kreisverkehr: Sie hat Bildungsprobleme, die nachweislich sind. Sie deckt diese aber vorwiegend zu und bedient sich dabei der Beihilfe durch ihre Sozialstaatlichkeit. Damit erschwert sie nicht nur ihre nötigen Bildungskorrekturen; sie hält auch ihre Bildungsprobleme über Gebühr am Leben und erzeugt damit – von Generation zu Generation – ständig wieder neue.

2. Im Elternhaus ab der ersten Stunde beginnt die Bildung unserer jungen Generation

Dieser Leitsatz ist inzwischen in Pforzheim zu einer Bildungsregel erklärt worden. „Bildung heißt Zukunft. Und lebenslanges Lernen beginnt mit der Geburt", lautet die Initiative dieser Stadt im Jahre 2008, in die alle hiesigen Institutionen von Bedeutung eingebunden werden sollen.[24]

1. Lernen findet allein schon durch Beobachten statt. Schon das jüngste Gehirn speichert Geschehenes, auch Emotionales, für sein späteres Leben. Die Biologen sprechen von Spiegelneuronen. Das Zusehen, das ein Junggeborenes betreibt, erzeugt die ersten Spiegelneuronen in seinem Gehirn. So erklärt sich, dass ein Kind aus bildungsfernen Familien keine Spiegelneuronen für Tätigkeiten besitzt, die andere Kinder aus bildungsaktiven Familien bereits erfahren haben konnten.[25] Bis zur Einschulung sollten Kinder das Lernen durch Beobachtung gelernt haben. Deswegen hat ein Bildungssystem bei dieser ersten Phase der kindlichen Bildungsentwicklung anzusetzen.

Der Grundstein für Lebenstüchtigkeit, für Ausbildung und Beruf, wird im Elternhaus gelegt. Was hier an Zuwendung, an Anleitung und Erziehung zugebracht wird, schlägt sich nachhaltig nieder. *Meine Kinder sollen es einmal besser haben als ich; sie sollen etwas Ordentliches werden*, haben sich viele Eltern, ob allein stehend oder nicht, ob Hauptschüler oder nicht, nach 1945 vorgenommen, und sie haben ihre Kinder so gut wie möglich auf diesen Weg gebracht.

2. Inzwischen aber haben in unserer Gesellschaft Bildungsverläufe stattgefunden, die sich stark nach der familiären Herkunft unterscheiden. Der soziale Stand ist besonders prägend geworden. Für die geistige Entwicklung von Kindern ist zum Beispiel bedeutsam, wie viel mit ihnen im Elternhaus fortlaufend gesprochen wird. Untersuchungsergebnisse besagen, dass Kinder aus Sozialhilfeempfänger-Haushalten durchschnittlich 600 Wörter pro Stunde zu hören bekommen, in beruflich einfacheren, aber aktiven Familien sind es 1.200 Wörter und in Mittelstandsfamilien 2.100 Wörter.[26]

Eine verbreitete Erscheinung in Familien von Arbeitslosen sind *entglittene Zeitstrukturen*. Das bedeutet, dass die Tagesabläufe hier oft nicht im Sinne einer geregelten Bildungsentwicklung der darin aufwachsenden Kinder vonstatten gehen.[27] Kinder erleben insoweit keine Zeitdisziplin und förderliche Zeiterfüllung.

Ferner ist bildungsabträglich, dass in den Kinderzimmern von sozial Schwachen signifikant häufiger eigene Fernseher, Spielkonsolen, DVD- oder Video-Geräte stehen. Lesen, Musizieren und Sport sind hier verhältnismäßig wenig verbreitet.[27] Das belastet einen geeigneten Bildungszugang gravierend.

3. Benachteiligungen durch Herkunft wirken fort: So machen Jugendliche aus Elternhäusern mit Hauptschulabschluss durchschnittlich nur zu 25 Prozent das Abitur. Aus Elternhäusern mit Abitur sind es rund 75 Prozent.[28] Entsprechend niedrig ist der Anteil der Studierenden aus Elternhäusern niedriger sozialer Herkunft; er liegt bei rund 11 Prozent. Bei den Kindern sozial hoher Herkunft sind es 81 Prozent. Noch gespreizter ist der Unterschied zu Migrantenfamilien: Von 100 Kindern bestehen statistisch gerechnet nur 5 das Abitur. Bei Kindern deutscher Eltern sind es 30 von 100.[29]

4. Man darf dabei aber nicht annehmen, dass die Bildungswelt in den sozial gehobeneren Elternhäusern heute durchweg in Ordnung ist. Es gilt auch generell, dass über alle sozialen Gruppen hinweg ein gewisser Trend zu weniger bildender Anregung durch das Elternhaus besteht. Das zeigt sich am allgemeinen Rückgang des Anhaltens von Kindern zum Lesen und Schreiben und an der ausreichenden Übung darin.[30, 31]

5. Auch das allgemeine Sprachvermögen von Kindern und Jugendlichen unabhängig von ihrer Herkunft setzt einen in Erstaunen. Sehr viele von ihnen sind offenbar von Seiten ihrer Eltern nicht genügend angehalten, Wünsche, Gedanken oder Erzählungen auf akustisch hörenswerte und sprachlich korrekte Weise auszudrücken.

   Elternhäuser mit solcher Art Sprachdefiziten verhalten sich nicht nur ausgesprochen unkultiviert, sondern auch unnatürlich. Sie könnten von unserer Vogelwelt lernen, die ihre im Nest behüteten Jungvögel von dem Moment ihres Ausschlüpfens an ständig mit vielsagendem Gezwitscher unterhält.

6. Migrantenfamilien haben in Deutschland inzwischen einen so hohen Bevölkerungsanteil, dass sie ein gesondertes Bildungsproblem erzeugen. Nimmt man sie unabhängig von ihrem Herkunftsland zusammen, so gelten nur 28 Prozent von ihnen als bildungsintegriert: Sie verfügen wenigstens über einen Hauptschulabschluss. Und nur 24 Prozent von ihnen sind zugleich auch sozial eingebunden in Vereinen, Bürgerinitiativen und ähnlichem.[32]

Viele ausländische Eltern seien nicht in der Lage, das deutsche Bildungssystem auch nur annähernd zu durchschauen, sagt Maria Böhmer, zuständig für Migration, Flüchtlinge und Integration im Bundeskanzleramt.[33]

Aber das begründet nicht die im Migrantenbereich sehr verbreiteten Sprachdefizite.

„Diese rühren selten allein von den Deutschkenntnissen der Eltern her. Viel gravierender sei, dass in den meisten Fällen überhaupt nur sehr wenig gesprochen werde ... Diese Art der Sprachlosigkeit führt bei Migrantenfamilien häufig zu dem Phänomen ... der doppelten Sprachlosigkeit ... Kinder, die schon ihre Muttersprache mehr schlecht als recht beherrschen, tun sich besonders schwer, eine Zweitsprache zu lernen".[34]

7. Besonders schwach sind die deutschen Sprachkenntnisse in vielen türkischen Familien. Etwa die Hälfte der Zuwanderer aus der Türkei hat keinen Beruf. Nicht zuletzt deswegen halten sie ihre in Deutschland geborenen Kinder auch zu wenig zum Sprechen und Erlernen der deutschen Sprache an und deswegen ist auch nur eine Minderheit von ihnen in Ausbildung. Gleichwohl hat sich, um auch Positives zu vermerken, die Zahl der türkischstämmigen Studenten an deutschen Universitäten über die Jahre vervielfacht, so wie auf der anderen Seite der Skala die Zahl ihrer nicht erfolgreichen Schulabsolventen gewachsen ist.[35]

Ein erfreuliches Bild ist, dass Aussiedlerkinder, fast alle im Ausland geboren, eine hohe Ausbildungsquote aufweisen können. „Es hat (aber) Jahrzehnte gedauert, bevor eine deutsche Regierung den Mut fand, ... darauf hinzuweisen, dass andere Nationalitäten die Sprachprobleme der Türken kaum kennen". Dabei ist *das Recht auf Bildung* in der Türkei seit 1948 als elementares Menschenrecht anerkannt.[35]

8. Das Elternhaus ist nicht nur für die Bildungsgrundlagen der ersten Lebensjahre seiner Kinder verantwortlich. Es beeinflusst auch deren schulische Laufbahnentscheidungen. Insofern kann Bildungsförderung in Kindergarten und Schule allein nicht zu einer höheren Bildungsbeteiligung von Kindern aus sozial schwacher Herkunft oder aus Migrantenfamilien führen. Wer von gebotener Chancengleichheit auch für Jugendliche aus bildungsfernen Familien spricht, übersieht das in der Regel.[36]

9. Unser Bildungssystem nimmt aus sich selbst bisher keine besondere Rücksicht auf die Förderung unseres Nachwuchses nach seinen natürlichen Begabungen. Die biologisch angelegten Begabungen folgen - über alle sozialen Gruppen hinweg und unabhängig von ihrer Herkunft - einer normalen biologischen Verteilung. Viele von Natur aus Begabte verlieren sich unerkannt innerhalb unserer Gesellschaft, weil sie nicht von Kinderzeit an ge-

fördert werden. Insofern belegt McKinsey unser Bildungssystem mit dem Prädikat „hochgradig sozial selektiv".[37]

Ein wesentlicher Ursprung für diese Ineffizienz liegt in Elternhäusern. Eltern sind ein wesentlicher Teil unseres Bildungssystems. Deshalb sollten wir eher von einer hochgradig selektiven Lebensweise und Gesellschaftskultur in Deutschland sprechen. Man kann auch sagen: *Unsere Gesellschaft entlässt ihre Kinder.* Unsere Gesellschaft sozialisiert aus den Leistungen ihrer Allgemeinheit die aus ihrer sozialen Selektion auf unnatürliche Weise erwachsende große Zahl von Nicht-Qualifizierten. Sie nimmt – ebenso wie die Betroffenen – in Kauf, dass deren natürliche Entwicklungsmöglichkeiten unentwickelt und ungenutzt bleiben.

10. Ansätze zum Durchbrechen dieses Dilemmas bestehen bereits in mehreren anerkannten Initiativen. Der KITA-Preis der Bertelsmann Stiftung richtet sich darauf, „jedes Kind mitzunehmen". Dadurch sollen „alle Akteure rund ums Kind" – das sind Erzieherinnen, Grundschullehrer, Psychologen, Kinderärzte und Elternvertreter - zusammengebracht werden. Auch Musik hat darin ihren Platz.[38]

11. Aber ein Schritt wie dieser, allein auf sich gestellt, greift zu kurz. Kein Weg führt an den Eltern vorbei. Und Eltern haben Elternpflichten! Sehr konkret benennt Udo Di Fabio, Richter am Bundesverfassungsgericht in Karlsruhe, die nötige staatliche Autorität und elterliche Verpflichtung:

„Menschen sind in die Selbstverantwortung zu führen ... Sozialpolitik muss freiheitsgerecht und leistungsgerecht sein ... In den Familien wird der Grundstein für Chancengleichheit gelegt. Mit Artikel 6, Abs. 2 unseres Grundgesetzes wird unserem Staat ... ungewöhnlich deutlich die Aufgabe zugewiesen, über die Wahrnehmung der Elternverantwortung zu wachen ...".[39]

Demnach sind Pflege und Erziehung der Kinder das natürliche Recht der Eltern und die zuvörderst ihnen obliegende Pflicht, über deren Befähigung die staatliche Gemeinschaft wacht.

„Es entspricht weder dem Geist dieser Vorschrift (des Grundgesetzes) noch dem sozialer Gerechtigkeit, wenn es unbekümmert hingenommen wird, dass Kinder in die Grundschule eintreten, ohne dass sie ausreichende Kenntnis der Unterrichtssprache und grundlegende Orientierung in sozial angemessenen Verhaltensweisen hätten ... Der Staat des Grundgesetzes muss genau unterscheiden, wo er Freiheit zu achten und wo er aufgrund seines Wächteramtes subsidiär und streng am Einzelfall einzuspringen hat. Wenn ein nennenswerter Teil der Jugendlichen, sei es aufgrund fehlender Eignung und fehlenden Antriebs oder auch mangels tatsächlicher Möglichkeiten, keine Berufsausbildung erlangt, entsteht ein Nährboden für eine Biographie, die sich vom Leitbild des Grundgesetzes entfernt ... Das Bildungsziel und ein Minimum an Leistungsmotivation müssen dann allerdings auch im Erziehungsprogramm der Eltern fest verankert sein".[39]

12. Hieraus ergibt sich eine deutliche Handlungsaufforderung an Eltern und Staat. Bisher findet in Deutschland darüber nicht einmal eine öffentliche Diskussion statt. Wir stellen uns, politisch im Grunde unvertretbar, nicht diesen damit zusammenhängenden Problemverschleppungen, obwohl unsere Gesellschaft außerordentlich betroffen ist. Ein Wort Johann Gottfried Herders mag jeden Unmut darüber beschließen:

„Wenn der Frühling nicht säte, kann der Sommer nicht reifen, der Herbst nicht ernten und der Winter nicht geniessen".[40]

3. Auch Verhaltensrichtungen und Umgangsformen sind Bildungsprodukte

Eine Gesellschaft mit erklärtem Bildungsanspruch darf die ausgeprägten Verhaltensformen ihrer Bevölkerung nicht übersehen. Diese gehören in den Bildungsauftrag nicht nur der Eltern, sondern auch der Kindergärten und Schulen.

Auf Verhaltensentgleisungen und unkultivierte, gesellschaftlich nicht tragbare Umgangsformen ist Einfluss zu nehmen. Sie belasten den gesellschaftlichen Zusammenhalt. Deshalb bedarf es entsprechender Vorbilder und vermittelnder Autorität. Gerade in den Erscheinungsformen von Umgang und Verhalten erweist sich, wie viel mehr als lediglich das Aufsammeln von Wissen Persönlichkeitsbildung bedeutet. Man könnte geradezu fragen: Haben Kindergärten, vor allem aber unsere Schulen jugendliches Verhalten in ihrem Programm ausgeblendet? Sind sie ihrer Aufgabe auf diesem Feld nicht gewachsen? Oder sind sie von höherer Bildungspolitik gehindert oder eingeschränkt worden? Auf jeden Fall offenbart sich hier ein außerordentliches Handlungsdefizit.

Unsere Gesellschaft in Deutschland gilt seit Jahren als *multikulturell*. Damit verbindet sie die Idee des Respekts vor der Herkunft und Pflege verschiedener Kulturen. Im Zentrum dieses Leitgedankens steht die Integration von Migrantenfamilien, deren Lebensweise und Kulturbewusstsein grundsätzlich zu achten ist.

Multikulturelles Zusammenleben hat jedoch keinen besonderen gesellschaftsförderlichen Wert, wenn es nicht zugleich auf einem allgemein achtenswerten Verhaltensniveau stattfindet. Insofern hat Multikultur auch nicht unbedingt etwas mit gesellschaftlicher Kultiviertheit zu tun. Schon deshalb kann multikulturelle Toleranz keine unbedingte bildungspolitische Handlungsmaxime abgeben. Dabei ist auch zu bedenken, dass der gesellschaftliche Anspruch auf kultivierte Formen von Umgang und Verhalten gegenüber Migranten *und* Nicht-Migranten gleichermaßen zu erheben ist. Nur unter dieser Verallgemeinerung erhält das Prinzip, multikulturell zusammenleben zu wollen, seinen tragenden gesellschaftspolitischen Sinn.

Verhaltensweisen einer modernen Gesellschaft haben ihre besondere Dynamik; und diese gebärdet sich meist selbstverstärkend und uferlos. Das fordert Bildungspolitik geradezu heraus, sich auch in ihrer Verantwortung für die Verhaltenskultur einer nachwachsenden Generation konsequent zuständig zu sehen. Unter einem einseitigen Deckmantel, sich multikulturell auszurichten, hat sie diesen Bildungsauftrag jedoch über Jahrzehnte hinweg vernachlässigt. Inzwischen erscheinen die von ihr hingenommenen Verhaltensauswüchse immer unbeherrschbarer. – Die folgenden Anhaltspunkte verdeutlichen, dass eine *undefinierte Leitvorstellung von Multikultur* aus vielen verschiedenen Gesichtern bestehen kann:

1. Bildungsarmut ist ein Produzent von orientierungslosem Verhalten. Entgleisungen in Richtung Arbeitslosigkeit und Zugriff auf Ersatzbedürfnisse außerhalb von Ausbildung und Beruf vermehren sich dadurch. Ein Großteil unserer Jugendlichen, aufgewachsen in Elternhäusern ohne berufliches Interesse und ohne geordnete Beschäftigung, hat sich diese Erfahrung zu Eigen gemacht.

2. Natürlich hat unsere Wohlstandsgesellschaft bestimmte Verhaltensweisen begünstigt, andere hat sie vernachlässigt.

   „Die moralische Kraft ist nicht mitgewachsen mit den Fähigkeiten des Machens und des Zerstörens, die der Mensch entwickelt hat", - so Kardinal Joseph Ratzinger seinerzeit im Gespräch mit Peter Seewald.[41]

   Was früher sehr verbreitet als Tugend angesehen wurde, gilt heute in vielen Köpfen unserer Bevölkerung als Dummheit: „Ehrlichkeit, Selbstlosigkeit, Bescheidenheit".[42]

3. Selbstbezogenes Verhalten hat über alle gesellschaftlichen Gruppen zugenommen. Ein Verhaltenswandel in der Studentenschaft an unseren modernen Massenuniversitäten ist davon nicht auszunehmen. Aus der Berliner Humboldt-Universität wird die konsumtive Grundhaltung vieler Studenten bemängelt.

   „... Es ist aus dem Blick geraten, gemeinsam an etwas zu arbeiten. Manche Studenten betrachteten Lehrveranstaltungen stattdessen unter dem Motto der Nutzenmaximierung: Solange es interessant sei, bleibe man. Schwinde das Interesse, verlasse man eben den Raum ... Genauso wie das unaufhörliche Trinken von Selters, Volvic und Konsorten. Selbst mitten in ihrem eigenen Redebeitrag setzen manche die Flasche an den Hals. Es habe auch die Folge, dass die Studenten regelmäßig austreten müssten".[43] – So erweist sich keine Selbstdisziplin.

   Gegenseitige Rücksichtnahme in Hochschulbibliotheken? Aus den Lesesaal-Exemplaren werden die entscheidenden Absätze oft für die persönliche Inbesitznahme herausgerissen.[43]

Diese Kennzeichnung macht auch deutlich, wie sehr sich Hochschulen zu einem Berufsausbildungsbetrieb entwickelt haben. Persönlichkeitsbildung und Urteilsfähigkeit stehen nicht in ihrem Vordergrund.[44]

4. Sichtbar zugenommen haben auch Disziplinlosigkeiten, mit denen sich Bürger, die Menschenwürde für sich beanspruchen und auch zugebilligt bekommen, von ihrem technischen und sonstigen Hausmüll an Randplätzen von Spazierwegen und Wäldern befreien. Wer begegnet nicht der Unzahl von Fensterrahmen, Kühlschränken, Autoreifen und Verpackungen, die auf Naturgelände entsorgt werden?

5. Die Achtundsechziger müssen sich zurechnen lassen, dass sie wichtige Hemmschwellen weggeräumt haben. Sie provozierten nicht nur unzivilisierte Schmierereien an deutschen Universitätsgebäuden. Sie entzogen auch dem Bedarf an natürlicher Autorität in der Erziehung und Schulung von Kindern und Jugendlichen viel Boden. Unseren Kindergärten und Schulen fehlt es an der nötigen Verbindlichkeit für Verhaltensqualität, vor allem aber für die Grenzen akzeptablen Verhaltens. Ebenso lassen sie geeignete Sanktionen bei Fehlverhalten vermissen.[45]

6. Es fehlen Handlungsrichtlinien, ob überhaupt und auf welche Weise auf die vielerlei Entgleisungen reagiert werden soll. Zum Beispiel darauf, dass:

- 53 Prozent der Lehrer an unseren südbadischen Hauptschulen während des Unterrichts von Schülern schwer beleidigt oder aggressiv angegangen werden;[46]
- in Deutschland rund 4,3 Millionen der über 17-Jährigen alkoholabhängig sind. Das entspricht einem Bevölkerungsanteil von 7 Prozent, und daraus resultiert jährlich eine Arbeitsunfähigkeit von mehr als 90.000 Erwerbspersonen;[47]
- die Neigung zur Gewalt unter Kindern und Jugendlichen stark verbreitet ist;
- fast 2 Millionen Kinder zwischen 3 und 17 Jahren übergewichtig sind;[48]
- ein Großteil unseres jugendlichen Nachwuchses nicht in das soziale Leben oder in Vereine integriert ist und infolgedessen ein um 75 Prozent höheres Risiko hat, an Alkohol und Drogen zu geraten;[48]
- die Medien, insbesondere die Spielsucht am Computer sowie das Fernsehen, einen Großteil unserer Zeit in Anspruch nehmen. Das bedeutet:

- Suchtformen über das Internet spielen eine immer größere Rolle. Unter Kindern und Jugendlichen liegt der Anteil der krankhaften Computerspielnutzer bereits bei 3 bis 5 Prozent.[49]
- Jeder Bürger in Deutschland sieht im täglichen Durchschnitt 3 ½ Stunden fern; die über 50-Jährigen noch länger. „Das prägt das Denken und erzieht einen Sozialcharakter, dessen Gefühle schnell erregt, flach und theatralisch sind ... es kreiert ein negatives Wirklichkeitsmodell und reduziert gesellschaftliches Engagement. Und es macht nicht glücklich".[50]
- Deshalb heißt es auch nicht von ungefähr: „Die Medien machen die PISA-Verlierer".[51]

7. Unsere werblich brillierende Wohlstandsgesellschaft animiert ständig zur Konsumierung, zur Ablenkung, zur Anfechtung und zur Entgleisung.

Aber es gibt trotzdem durchaus unterschiedlich zu wertendes Verhalten in Familien mit niedrigem Haushaltseinkommen. Es gibt Gruppierungen, die um ihre Zukunft besorgt sind und alles daran setzen, um ihren Kindern und sich selbst bessere Lebensverhältnisse zu verschaffen. Häufig ist aber auch das Gegenteil der Fall: Mit derselben oder ähnlichen Ausstattung leben Hartz-IV-Empfänger eher konsumorientiert und ungesund und klagen über zu wenig Geld, während Menschen, die ihren Lebensunterhalt selbst erwirtschaften, bewusster auf Konsum verzichten, mehr in Bildung investieren und gesünder leben.[52]

8. Die in unserer Erwerbsbevölkerung verbreitete emotionale Bindung des Arbeitnehmers zu seiner beruflichen Tätigkeit hat sich sehr gelockert. „Nur reichlich ein Zehntel der Arbeitnehmer fühlt sich ihr innerlich verbunden. Fast jeder Fünfte hingegen verspürt nichts dergleichen. Die übrigen 70 Prozent machen Dienst nach Vorschrift ... Und diejenigen, die in der Erwerbsarbeit Lebenssinn nicht nur suchen, sondern auch finden, bilden überall eine kleine privilegierte Minderheit".[53]

9. „In der Weiterbildung befindet sich Deutschland am Ende der EU-Rangskala".[54]

„Allen Sonntagsreden zum Trotz: Weiterbildung genießt in Deutschland keinen hohen Stellenwert, im Gegenteil ... Jährlich nimmt nicht einmal jeder dritte Berufstätige an betrieblichen Fortbildungskursen teil, viel weniger als in skandinavischen Ländern oder Frankreich ... Vor allem sind es die Älteren über 50 Jahre, die klar unterrepräsentiert sind; deren Teilnahmequote liegt bei nur 17 Prozent".[55]

In dieser Abneigung gegen Weiterbildung spiegelt sich ein in unserer Gesellschaft sehr beherrschend gewordenes Freizeitbewusstsein. Unsere Freizeit kommt insoweit nicht unserer kreativen, sondern unserer konsumtiven Präferenz zugute. Selbst der im Trend gelegene Arbeitszeitabbau hinunter auf die 35-Stunden-Woche hat im Verein mit einem Standard-Jahresurlaub von 6 Wochen nicht zur Inanspruchnahme für persönliche Fortbildungsaktivitäten auf breiter Basis geführt. Für mehr Befähigung und Leistung wird er wenig zur Verfügung gestellt.

10. Unsere Gesellschaft erlebt auf breiter Front eine Vernachlässigung von kultivierten Umgangsformen. Dieser Kulturwandel erstreckt sich, einem Deichbruch gleich, mehr oder weniger auf alle gesellschaftlichen Gruppen.

    Zuvorkommenheit und Höflichkeit werden seltener erlebt. Erwachsene erfahren nicht mehr, dass ihnen, mit vollem Gepäck in beiden Händen, die Tür aufgehalten wird. Jugendliche, die einem auf Fußwegen zu dritt nebeneinander begegnen, treten nicht selbstverständlich zur Seite. Autofahrer nehmen auffallend wenig das Tempo herunter, wenn sie an Fußgängern oder Reitern in Gefahrenzonen vorbeifahren. Die Aufmerksamkeit für das Hinterlassen von sauberen Plätzen, an denen hantiert wurde, lässt sehr zu wünschen übrig.

11. Eltern, Kindergärten und Schulen müssen sich hier erhebliche Versäumnisse zurechnen lassen. Es sei aber auch erwähnt:

    Die Zeugnisse der Haupt- und Realschulen in Baden-Württemberg vermerken in Gestalt von persönlich gehaltenen Textzeilen eine Schülerbeurteilung zum allgemeinen Verhalten. Auch Gymnasien in Nordrhein-Westfalen versehen ihre Versetzungszeugnisse mit Einzelbenotungen zum Arbeitsverhalten, gegliedert in Leistungsbereitschaft, Zuverlässigkeit, Sorgfalt und Selbständigkeit und ebenso zum Sozialverhalten in Bezug auf Verantwortungsbereitschaft, Konfliktverhalten und Kooperationsfähigkeit.

    Benotungen allein bringen noch keine anerkennenswerten Verhaltensweisen zustande. Wichtig ist, dass diese bundesweit im Bildungsauftrag an allen Schulen eine angemessene Umsetzung erhalten.

12. Wir schließen dieses Szenario mit einem Nachsatz von Udo Di Fabio:

    Unsere Gesellschaft müsse sich politisch und bürgerlich von Grund auf darüber klar werden, „ … welche Lebens- und Verhaltensweisen die Grundlage für Solidarität sind". Mit Ungewissheit und Zweifel in dieser Frage verliert sie ihren Zusammenhalt.[39]

4. Schulabschlüsse sind kein Gradmesser für Bildungsqualität

Das Bild der Abschlussnoten an deutschen Schulen und Universitäten ist in verschiedener Hinsicht absonderlich.

1. Am auffälligsten ist inzwischen die mangelhafte Beherrschung der deutschen Rechtschreibung, mit der nicht nur Schüler an Hauptschulen, sondern ebenso Realschüler und Gymnasiasten durchweg ihre Schule verlassen. Hat ein führender Bildungspolitiker mit Nachdruck gefordert, dass eine einwandfreie Rechtschreibung (die früher selbstverständlich war) zum Standard einer Schulausbildung zu gehören hat? Die dilettantisch zum 01.08.2005 von den Kultusministern der Bundesländer für verbindlich erklärte Rechtschreibreform hat das Desaster für den Schulunterricht eher noch verschlimmert.[56]

In Deutschland gibt es keine zentrale Sprachbehörde oder Sprachakademie, nicht einmal ein zentrales Ministerium, das für den Sprachunterricht in den Schulen zuständig sein könnte. Stattdessen ist die Hoheit darüber auf die Kultusministerien der 16 Bundesländer verteilt.[57]

Andererseits dürfte für jeden Bildungsenthusiasten selbstverständlich sein: Menschen brauchen „Sprachbewusstsein, das auch auf grammatischem Wissen aufbaut", so der Potsdamer Sprachwissenschaftler Peter Eisenberg.[58] Und Wolfgang Frühwald, Präsident der Alexander-von-Humboldt-Stiftung, bekräftigt: „Aus dem Wort entsteht Welt und der Zustand der Sprache ist der Zustand des Menschen".[58]

2. Auf diese Weise ungenügender Vorbereitung gelangen inzwischen zahllose Studierende an unsere Hochschulen, die Rechtschreibung, Grammatik und Zeichensetzung nicht beherrschen. Aber in viel stärkerem Masse betrifft die Klage über gesunkene Sprach- und Lesefähigkeit unsere Schulabgänger schlechthin. „Wer nicht wirklich lesen kann, also nicht in der Lage ist, sich Texte zu Eigen zu machen und sie mit Wissen und Erfahrung in Verbindung zu setzen, ist nicht ausbildungs- und weiterbildungsfähig ... Computerwissen unterstützt die Neigung, vom Denken ins Wissen zu fliehen ... Wegen der sprachlichen Verarmung bei Vorschul- und Grundschulkindern haben viele Bundesländer den am Ende der Grundschulzeit zu beherrschenden Mindestwortschatz verringert. Später wundern sich dann die Lateinlehrer, dass die Schüler das Wort *einräumen* oder *zugestehen* nicht kennen und deshalb *concedere* nicht genau übersetzen können".[59]

Wie bringen vor allem die Schulen ihre Schüler zum Lesen, wenn deren Eltern selbst keinerlei Leseneigung haben? „Die Leselust", heißt es, „muss sich spätestens vom zwölften Lebensjahr bis zur Pubertät entwickelt haben".[59]

„Wir alle sind, was wir gelesen haben", vermittelt uns Golo Mann.[60]

3. Unzulängliche Vorbildung bringen Studenten aber auch oft aus schulischen Grundfächern wie der Mathematik mit. An Hochschulen müsste vielerorts das Bruchrechnen nachgeholt werden.[61] So heißt es zum Beispiel: „Es gäbe Studenten der Elektrotechnik, die nicht genau wüssten, wie sie Brüche addieren sollen. Im universitären Einführungskurs *Mathematik für Wirtschaftswissenschaftler* werde inzwischen Schulstoff der Klasse 8 und 9 rekapituliert. Solche Stimmen von Hochschullehrern lassen sich inzwischen beliebig vermehren.[62]

4. Auffallende Bildungslücken erstrecken sich darüber hinaus auf Begriffswelten, die im Grunde zum allgemeinen Bildungsgut gehörten. „Alle Untersuchungen zum Faktenwissen bringen ernüchternde Befunde": Nur 12 Prozent unserer Bevölkerung können den Begriff der Produktivität richtig erklären. Subsidiarität verstehen nur 6 Prozent. Für Experten ist *Risiko* eine Rechengröße, für die große Mehrheit der Bevölkerung ein Synonym für Gefahr. Über Kernenergie bestehen äußerst diffuse Vorstellungen. Ganz allgemein überfordert die Informationsfülle die Bevölkerung zunehmend, während sich ihr Interessensspektrum verengt. - Diesem Trend entspricht die Emotionalisierung öffentlicher Debatten. „Sie werden weltanschaulich aufgeladen".[63]

Es überrascht deswegen auch nicht, dass viele junge Menschen in Grundfragen aus Politik und Wirtschaft verhältnismäßig wenig Verständnis haben. Umso leichter entsteht Bindungslosigkeit zu unserem Land und seinem politischen System, wie es vor allem an Jugendlichen in Ostdeutschland zu beobachten ist. „Das politische Analphabetentum gilt selbst unter ostdeutschen Gymnasiasten als erschreckend verbreitet".[64, 65]

Ganz allgemein erscheint laut Umfragen das Grundvertrauen in unser demokratisches Gesellschaftssystem bei großen Teilen unserer Bevölkerung als angegriffen.

„Jeder zweite Ostdeutsche hält die Demokratie nicht für die beste Staatsform ... und gut die Hälfte der Westdeutschen sieht im Sozialismus eine gute Idee, die (in der DDR seinerzeit) nur schlecht ausgeführt wurde".[66]

5. Auf unzureichende schulische Vorbildung geht auch die regelmäßig große Zahl von Studenten zurück, die ihr Studium vor ihrem ersten Abschluss, meistens zwischen dem siebten und achten Semester, an unseren Hochschulen abbrechen. Die Abbrecherquote liegt durchschnittlich bei 20 bis 22 Prozent. Und bei den jugendlichen Bewerbern um eine Lehrstelle sind es rund 15 Prozent, die sich späterhin als nicht ausbildungsfähig erweisen.[67]

Liegen die Gründe hierfür nicht auch darin, dass sich nicht einmal 10 Prozent aller Schüler der Bedeutung ihrer schulischen Leistungen für ihr späteres berufliches Fortkommen bewusst sind?[68] Jedenfalls ist bemerkenswert, dass es an deutschen Universitäten „ ... sehr viele Studierende gibt, die nur ab und an auftauchen und nicht sagen können, warum sie ein Fach studieren, das sie kaum interessiert".[69]

6. Seit der Neugestaltung der gymnasialen Oberstufe mit der Einführung des Kurssystems im Jahr 1972 beklagen sich Hochschulen und Arbeitgeber über fehlende Studierfähigkeit und Allgemeinbildung. Immerhin reagierte das Bundesland Baden-Württemberg inzwischen mit der obligatorischen Einführung von Deutsch, Mathematik und einer Fremdsprache für die Abiturprüfung.[70]

Was ist passiert?

7. Seit 1960 hat sich der Anteil unserer Abiturienten mit allgemeiner Hochschulreife von 6 Prozent (alte Bundesrepublik) auf 36 Prozent eines Schülerjahrgangs in 2008 nicht zuletzt durch bildungspolitischen Druck erhöht. Die amtierende Bundesregierung von CDU und SPD fordert aktuell eine Quote von mindestens 40 Prozent; die Grünen wünschen sogar 50 Prozent.[71] Dadurch erhielt der durchschnittliche Qualitätspegel bereits jetzt schon eine nivellierende Absenkung.

Im Jahr 2008 machten in Baden-Württemberg 29 Prozent aller Abiturienten ihren Reifeabschluss mit der Note 1 vor dem Komma. Die Durchschnittsbenotung lag bei 2,32.[72]

In aller Deutlichkeit beschreibt ein Gymnasiallehrer aus Ostwestfalen 1998 die Entwicklung:

Viele deutsche Abiturienten außerhalb Bayerns – vor allem aus sozialdemokratisch regierten Bundesländern – seien international nicht studierfähig. Das Anforderungsniveau an den Gymnasien sei schrittweise herabgesetzt, damit auch die Kinder der unteren Schichten nach oben kommen können. Tests in der Oberstufe seien verboten, zumal, wenn das ein Lehrer dennoch versucht, dann die Hälfte der Schüler fehlt; denn Schüler der Oberstufe können sich, volljährig geworden, selbst entschuldigen. Ein *harter* Lehrer ... würde in der Abiturzeitung gnadenlos lächerlich gemacht und oft als unfähig hingestellt. Der Schulleiter dürfe gegen derartige *Satiren* nicht mehr einschreiten. Die Amtsautorität des Lehrers sei systematisch durch Erlasse und Verfügungen geschwächt. Schon der Verweis erfordere einen ungeheuren Papierkrieg. Die Klassenlehrer meiden also diese aufwendige Prozedur. Und sitzengebliebene Schüler dürfen in den meisten Fällen eine Nachprüfung machen, die sie in der Regel bestehen.[73]

8. Von Dietrich Schwanitz erfahren wir hierzu:

"Die Kultusminister sind ... soweit gegangen, wissenschaftliche Unterlagen zum Leistungsvergleich der Schulen geheimzuhalten. Deshalb gilt das Paradox: Fast nirgendwo wird soviel gelogen wie in der Bildungs- und Schulpolitik".

Weiter heißt es:

"Man verwechselt die Chancengleichheit am Anfang des schulischen Leistungswettbewerbs mit der gewünschten Gleichheit der Ergebnisse am Ende. Man höhlte die fundamentale Sozialtechnik aus, auf der aller Unterricht beruht: die Bewertung von Lernfortschritten durch Zensuren, anhand derer ein Schüler sich selbst einschätzen, vergleichen und motivieren kann ... Ohne schlechte sind gute Schüler nicht zu haben".[74]

9. Mit der Inflationierung im Notenwesen an deutschen Gymnasien gehen noch erhebliche regionale Unterschiede einher. So zeigt eine empirische Schulstudie über die Jahre 1996 bis 2005 zwischen Hamburg und Baden-Württemberg:

Hamburg unterliegt Baden-Württemberg in der 13. Oberstufenklasse in Mathematik mit einem Wissensabstand von über einem Schuljahr. An Hamburger Gesamtschulen wussten die Schüler in den Leistungskursen im Schnitt weniger als die Schüler in Grundkursen an den Regelschulen in Baden-Württemberg.[75]

Es ist nur schlüssig, dass Hochschulen und Arbeitgeber darauf selektiv reagieren.[76]

10. Die Herabsetzung von Leistungsansprüchen hat sich auch im Hochschulbereich bemerkenswert niedergeschlagen. Beispiele? Die Abschlussnoten von Germanisten, Pädagogen und Soziologen lauten durchschnittlich auf 1,8. Fast 90 Prozent aller geisteswissenschaftlichen Absolventen werden mit sehr gut oder gut beurteilt. "Man gibt der Politik, was sie will, und winkt durch", ist dazu zu hören.[77] Das bezeichnet der politische Sprachgebrauch mit *Bildungsexpansion*.

"Wer Chancengleichheit fordert, aber Ergebnisgleichheit meint, der hat nicht verstanden, dass Bildung erarbeitet werden muss".[78]

5. Zum Leistungsvermögen von Kindertagesstätten und Schulen

Junge interessierte Schulabsolventen erhielten 2008 in dem weltweit tätigen Industrieunternehmen Witzenmann GmbH in Pforzheim die folgende persönliche Begrüßung:

"Liebe Nachwuchstalente, sehr gern sprechen wir Sie mit dieser Bezeichnung an, denn wir bei Witzenmann sind davon überzeugt: Sie alle besitzen ganz besondere Talente – und die Herausforderung für Sie ist, diese Talente zu erkennen. Sich auf den Weg zu machen, ihre Talente weiterzuentwickeln und eine passende Ausbildungswahl zu treffen. Die Basis zu legen für ein interessantes, erfülltes und erfolgreiches Berufsleben".[79]

Auch für Kitas und Schulen steht im Verbund mit dem Elternhaus eine Ansprache von ähnlicher Qualität gegenüber dem ihnen anvertrauten Nachwuchs zu Gebote: motivierend, lebensbejahend, ehrgeizweckend und anspornend sollte sie angelegt sein.

1. Ein solches Gebot beginnt mit einer klaren erzieherischen und schulischen Ausrichtung. Daran fehlt es in Deutschland. „Ein Bildungssystem kann nur dann gerecht sein, wenn es hochbegabte Kinder und Jugendliche genauso intensiv und zielgerecht fördert wie leistungsschwache".[80]

   Im Bildungsbericht von McKinsey aus 2005 heißt es hierzu:

   „Wir brauchen eine gemeinsame Vorstellung davon, was Bildung eigentlich sein soll. Wo sie beginnt. Wovon sie abhängt. Was sie befördert oder behindert ... Was sie uns wert ist. Und wie wichtig sie ist". Stattdessen „ ... leisten wir uns ein Bildungssystem, das bis hin zur Zahl der Toiletten alles regelt - außer die Qualität". Was fehlt, ist „ ... ein Bildungsvertrag, an dem sich alle gesellschaftlichen Kräfte beteiligen ... Für die künftige Entwicklung unserer Gesellschaft wird es von entscheidender Bedeutung sein, ob es uns gelingt, aus unseren Bildungsinstitutionen Werkstätten von morgen zu machen, deren Kerngeschäft die Befähigung zu einem konstruktiven Umgang mit dem Wandel ist."[81]

   Dieser Orientierungsmangel gilt für viele deutsche Kindertagesstätten und Schulen gleichermaßen.

2. Die KITA-Tester der OECD bemängeln im Jahr 2004, dass hier kein klares Bildungsziel erkennbar und die Qualitätsanforderungen infolgedessen nicht anspruchsvoll seien. Nur ein Drittel der deutschen Kitas seien als gut zu beurteilen. Die Ausbildung der Erzieherinnen sei auf einem vergleichsweise niedrigen Niveau. Das hinge auch damit zusammen, dass in Deutschland der Realschulabschluss dafür reiche und normalerweise für sie nur die Fachschulausbildung infrage kommt. Dementsprechend verdienten Erzieherinnen auch ein Drittel weniger als Grundschullehrer.[82]

   In Übereinstimmung damit stehen auch andere Begutachtungen von deutschen Kindertagesstätten. Es sei „ ... alarmierend, dass Millionen von Kindern im Alter von 8 Wochen bis 36 Monaten in Krippen betreut werden, deren personelle Ausstattung bei weitem nicht ausreiche, um ihnen die nötige zeitliche und emotionale Aufmerksamkeit zu bieten". Dadurch würde die Krippenbetreuung „ ... zu einem psychisch riskanten Unternehmen für die Betroffenen und für die Gesellschaft insgesamt. Denn die frühen Beziehungserfahrungen der Kinder ... legen die Grundlage für die psychische Gesundheit, die Fähigkeit, befriedigende Beziehungen einzugehen und die eigenen widersprüchlichen Affekte und Antriebe zu integrieren".[83]

3. Welche Beurteilung verdienen unsere Schulen und deren Lehrkräfte? Dietrich Schwanitz schreibt hierzu:

Unseren Schulen sind „die Maßstäbe verlorengegangen ... Die Gesamtschule hat nicht gehalten, was man sich von ihr versprach ... Kultusminister und Schulbehörden ... haben den Lehrern die meisten Sanktionsmittel zur erfolgreichen Bewältigung ihres Lehrauftrags aus den Händen genommen ... Einen öffentlichen Diskurs, in dem sich ihre Probleme beschreiben ließen, gibt es nicht. Auf diese Weise werden Lehrer entsolidarisiert und konkurrieren untereinander mit verlogenem Imagemanagement. Sie fingieren ihren Erfolg und tun so, als hätten sie keine Probleme. In Wirklichkeit sind viele von ihnen tief demoralisiert".[84]

4. Zudem gibt auch der berufliche Lebensweg eines repräsentativen deutschen Lehrers zu denken:

„Sie haben nie das Bildungssystem verlassen, um sich im Leben außerhalb zu bewähren".[85]

„Lehramtskandidaten gehören zu den unzufriedensten Studenten überhaupt". Umso erstaunlicher ist deshalb, dass diese Studiengruppe, wie berichtet wird, „ihr Studium vergleichsweise selten abbricht ... Zuletzt waren es 8 Prozent der Studenten, die sich vom Ziel, Beamter im Schuldienst zu werden, während des Studiums abwandten".[86]

In einer Studie des Frankfurter Erziehungswissenschaftlers Udo Rauin, die unter Beteiligung von 1.100 Lehramtsstudenten in Baden-Württemberg durchgeführt worden ist, heißt es:

„Mehr als ein Viertel aller angehenden Lehrer attestiert sich selbst nach 6 Semestern die Nichteignung zum Lehrberuf, ohne deswegen jedoch sein Berufsziel aufzugeben. Ein Drittel gab an, das Studium als Notlösung ergriffen zu haben. Nur die Hälfte von den letzteren sprang unterwegs ab. Man sieht, wie wenig die nackte Zahl von Studienabbrechern besagt".[86]

5. Der Beruf des Schullehrers muss auf eine leistungsfähigere Plattform gestellt werden:

Das Aufgabenspektrum von Lehrkräften gegenüber früheren Jahren hat sich gewandelt. Aber nicht nur die Lehrerausbildung, auch die Institution Schule hat mit dem gesellschaftlichen Wandel nicht Schritt gehalten.

„Die Fähigkeit, auch mit schwierigen Schülern gelingende Beziehungen zu knüpfen, gehöre mittlerweile zu den wichtigsten Kompetenzen des Lehrerberufs ... Die Ausbildung von Lehrern werde diesen hohen Anforderungen (aber) häufig nicht gerecht".[87]

Lerntheorie und Lernpsychologie werden in den bisherigen Lehrerbildungszügen nicht wahrgenommen.[88]

Das macht erforderlich, dass die Lehrerlaufbahn mehr nach Leistungsgesichtspunkten gestaltet wird: „Wer mehr Einsatz zeigt, wer effektiv und ansprechend unterrichtet, wer sich mit besonders schwierigen Kindern abgibt, muss besser bezahlt werden".[87]

In Deutschland fehlen Bonuszahlungen an Lehrer für besonders anerkennenswerte Leistungen fast völlig. Der entsprechende OECD-Durchschnitt liegt bei einer Qualitätsprämie von 11 Prozent der Lehrergehälter; in Neuseeland bei 42 Prozent.[29] Ein solcher Schritt setzt aber Leistungsmessung voraus, an der es bisher fehlt.

6. Schließlich steht die Frage an, was gegen eine Abkehr vom beamteten Lehrer spricht und ob ein *Bildungssystem der Zukunft* eine solche Abkehr nicht überhaupt fordert. Auch das ist eine bildungspolitische Grundausrichtung, die bisher öffentlich nicht sonderlich zur Diskussion gestellt wird. Aber davon abgesehen ließen sich auch bei Fortsetzung des Beamtenstatus Besserungen herbeiführen: Lehrerpräsenzpflicht an Schulen; eingeschränktes Recht auf freie Gestaltung ihrer Schulferienzeiten.

7. Mehr Flexibilität und Bedarfsgerechtigkeit erfordern ein Aufbrechen der bestehenden Verhältnisse. Hierzu gehört die eingeschränkte Handlungssouveränität der Schulen. Diese haben in Deutschland nur in rund 10 Prozent aller Fälle ein Mitspracherecht bei der Rekrutierung ihrer Lehrer. Im Durchschnitt aller OECD-Länder sind es dagegen 65 Prozent. Budgetentscheidungen treffen deutsche Schulen nur zu 13 Prozent aller Fälle selbst. Der OECD-Durchschnitt liegt bei 76 Prozent.[29]

8. Paul Kirchhof betrachtet die schulischen Verkrustungen aus verfassungsrechtlicher Sicht:

„Gerade die Gegenwart braucht Maßstäbe und Ausdrucksmöglichkeiten für verfehltes Leben, für richtig und falsch". Deshalb „ ... wird die staatliche Gewährleistungsverantwortung ggfs. zu einer Handlungsverantwortung ... Beobachtet der Staat Erziehungs- und Bildungsdefizite, hat er den Auftrag von Schule und Hochschule neu zu definieren". – Hierzu zitiert er Joseph von Eichendorff: „Keine Verfassung garantiert sich selbst".[89]

6. Unser Hochschulwesen steht im Schatten von internationalen Vorbildern

„In Deutschland gibt es noch immer viel gute Wissenschaft, auch sehr gute. Aber viele Forscher haben sich in den Alltagskämpfen zwischen Universitätsbürokratien, Wissenschaftsorganisationen und politischem Betrieb mürbe machen lassen. Zur Krise der deutschen Universitäten trägt auch eine Professorenschaft bei, die sich lange Jahre nicht gegen den alltäglichen Reglementierungswahn zu wehren wusste ... Ein Theodor Mommsen, Max Weber oder Karl Barth hätte sich diese neudeutsche Politikerarroganz nicht bieten lassen".[69]

„Noch nie hat Deutschland so genau über sein Bildungssystem Bescheid gewusst".[90]

Alles Wissen darüber lässt aber keine grundlegende Neuausrichtung erkennen:

1. In der besonderen Kritik steht das noch immer nachwirkende Hochschulrahmengesetz aus dem Jahre 1976. Es war durchsetzt von 68er Vorstellungen. Zu seinen Grundlagen gehörte die *Drittelparität* aus Professoren, Wissenschaftlichen Mitarbeitern und Studenten. Erforderliche Anpassungen ließen sich daraufhin politisch nicht durchsetzen.[91]

„Will die Bundesregierung wirklich Innovation stimulieren, sollte sie Konkurrenz zwischen den Ländern und Universitäten fördern, also einen Großteil der Regelungen ihres Hochschulrahmengesetzes aufheben".[69]

2. Viele deutsche Universitäten beschritten seit den 60er Jahren den Weg in Richtung Massenveranstaltung. Ihre Finanzierung und die Zahl ihrer Professoren haben nicht Schritt gehalten. Zwangsläufig gingen damit auch Einschränkungen im Leistungsprinzip einher, zu dem sie verpflichtet wurden. Es entstand grundsätzliche Gleichwertigkeit zwischen Hochschulen und Fachbereichen. Die Professoren-Bezüge richteten sich nach Lebensalter oder Jahren ihrer Lehrtätigkeit.[92]

3. Gegenwärtig kommen an unseren Universitäten fallweise rund 170 Studenten auf eine Professur; im Durchschnitt ist ein Professor für 60 Studenten zuständig.

„Von den Studienbedingungen der ... amerikanischen Spitzenuniversitäten, an denen ein Professor 5 Studenten betreut, können Studenten und Professoren hierzulande nur träumen".[93]

Beratung und Betreuung unserer Studenten sind deshalb sehr oft unzureichend. „Es herrschen Anonymität und Unverbindlichkeit".[94] Als eine optimale Betreuungsrelation im Sinne eines obersten Limits für exzellente Verhältnisse in der Hochschullehre gilt 1:10.[95]

In diesem Notstand haben sich viele deutsche Hochschulen davon verabschiedet, noch eine *Gemeinschaft von Lehrenden und Lernenden* zu sein. „Die Krise der deutschen Universität ist eine Krise ihrer Lehre": Es mangelt an lebendigen Vorlesungen. Es gibt Standardnoten für achtlos überflogene Hausarbeiten. Hörsäle sind oft überbelegt. Kommilitonen eines Seminars teilen sich zu siebt ein Referat.[96]

4. Die sogenannte Bologna-Übereinkunft von 1998 harmonisiert das europäische Hochschulsystem.

Eine wohlwollende Titulierung lautet: „employable, but not professional".[97] Es überwiegt aber inzwischen Kritisches:

„Es bedeutet den definitiven Abschied von Humboldt ... Nicht mehr die Wissenschaft selbst ist nun das Ziel ... Nicht mehr Bildung durch Wissenschaft ist der Weg, sondern Ausbildung im Schatten der Wissenschaft ... Mit Bologna wird die Universität weitgehend zur Fachhochschule ... Das neue schulische Kleid deckt alles zu, das Wissen wie das Denken".[98]

Der Einführung des zweigeteilten Studiums in einen Bachelor- und einen Master-Abschluss wird konkret angelastet:

„Die Mobilität der Studierenden sinkt, die Abbrecherquoten sind nach wie vor hoch ... die angebliche Berufsqualifikation wird vielfach infrage gestellt ... Ohne den Master-

Abschluss, so eine Umfrage der Universität Freiburg bei dreitausend Firmen, haben es Absolventen meistens schwer".[99]

Diese Allgemein-Beurteilung mag nicht für alle Studienrichtungen in gleicher Weise zutreffen. Trotzdem liegen die Folgerungen von Bologna auf der Hand. Mit der Verkürzung auf den Bachelor-Abschluss verlieren die Universitäten an Profil gegenüber den Fachhochschulen. Insoweit werden sie für viele Studenten eine Bildungsverkürzung und stärkere pragmatisch-praktische Orientierung bedeuten und von weitergehender wissenschaftlicher Ausrichtung ablenken. Dadurch fällt das Durchschnittsniveau einer qualifizierten studentischen Fachausbildung und das gilt gegenüber den bisherigen deutschen Studiengängen mit Diplom-Abschluss sowohl an Hochschulen als auch an Fachhochschulen.

5. Wollen wir mehr Hochschulqualität, ist die Frage der angemessenen Finanzausstattung unausweichlich. Deutschen Hochschulen gelingt es mangels finanzieller Spielräume immer weniger, die in ihrer Beurteilung nötigen Leistungsbedingungen, vor allem aber Spitzenkräfte, zu gewinnen. In einem gewissen Vorteil sind dabei unsere der Exzellenzinitiative entstammenden sogenannten Elite-Universitäten.

Das reicht aber bei weitem nicht, um sich auch gegenüber dem Ausland in genügender Breite konkurrenzfähig darstellen zu können. Die Gehälter deutscher Professoren gelten im relevanten Umfang als „international nicht konkurrenzfähig". Zudem fühlten sich, wie es heißt, Universitäten in ihrer Anwerbung von exzellenten Wissenschaftlern dadurch gehemmt, dass der Sozialfrieden einer Fakultät in ihrem Hause gestört werden könnte.[100]

Derek Bok, ehemaliger Präsident der Harvard-University dazu lakonisch: „Wenn du denkst, Bildung sei teuer, versuch's mit Dummheit".[101]

Unsere großen Konkurrenten im Hochschulbereich finden sich inzwischen nicht mehr nur in den angelsächsischen Ländern, sondern auch in Skandinavien und vor allem in China und Indien. China investiert enorme Summen in seinen Hochschulausbau. Die künftigen Zentren wissenschaftlicher Exzellenz sind – so die Worte eines namhaften Mitbegutachters unserer ersten Exzellenzinitiative für die Jahre 2005 bis 2007 auf einer Tagung des Stifterverbandes für die Deutsche Wissenschaft – keineswegs nur in den USA zu finden, sondern vor allem in Asien.[102]

6. Bisher ist die politische Reaktion auf unsere deutschen Hochschulbedingungen reichlich oberflächlich. Die öffentliche Diskussion unserer Bildungspolitik konzentriert sich auf Quantitäten, die eingängig sind, nicht auf zielstimmige Bildungskonzepte. Die Grundfrage lautet auch hier: Welches

sind die Voraussetzungen für ein international anspruchsvolles und wettbewerbsfähiges Hochschulwesen? Es bestehen darüber weder Zielwerte noch ein sichtbarer Konsens.

Unter anderem betrifft das auch die ideologisch eingefärbte Auseinandersetzung über Studiengebühren. Es gibt keine überzeugenden Gründe, die dafür sprechen, eine generelle Studiengeldfreiheit zu Lasten der ohnehin fiskalisch schon sehr beanspruchten Allgemeinheit fortzusetzen. Dennoch verstummen nicht die Gegenstimmen und das geschieht vornehmlich aus linksorientierten Positionen, obwohl für jedermann offenkundig ist, dass ein absolvierter Studiengang dem Betreffenden ein sehr viel höheres berufliches Fortkommen und Einkommensniveau vermittelt als ein Lebensweg ohne Studium. – Übrigens sind nach Umfragen zwei Drittel aller Studenten und Schüler bereit, Studiengebühren zu zahlen, wenn sie als Gegenleistung spürbar bessere Studienbedingungen bekämen.[103]

7. Ein Gesamtbild daraus

Unser Bildungsstatus trägt eine unübersehbare Menge von krisenhaften Zügen: Mangelhafte Integration, eingeschränkte Grundfähigkeiten, unzureichende Vorbereitung auf bürgerliche Selbständigkeit und Lebenstüchtigkeit, vielfältige Qualifikationsdefizite und vor allem Konzeptionslosigkeit und das Fehlen bildungspolitischer Zielsetzung prägen den über Jahrzehnte aufgelaufenen Bildungsstand unserer Gesellschaft.

Kein Titel würde dem daraus resultierenden Aktionsbedarf angemessener gerecht als ein *umfassendes bildungspolitisches Krisenmanagement*. Von einem solchen Sprachgebrauch zeigt sich unsere Politik bisher weit entfernt. Unsere in Deutschland angehäuften Bildungsprobleme erscheinen ihr offensichtlich als noch nicht schwerwiegend genug, um sie auch mit dem nötigen sprachlichen Nachdruck in der Öffentlichkeit so vorzuführen. Es geht hier nötigerweise um mehr als um Reformbereitschaft und um die schlichte Veranstaltung eines Bildungsgipfels.

Die im Oktober 2008 weltweit eskalierende Finanzkrise hat auch unsere Bundesregierung zu einem ausdrücklich erforderlichen *Krisenmanagement* aufgerufen. Ist die in Deutschland zu verantwortende Bildungskrise von geringerem Gewicht als die aktuelle Finanzkrise, wenn man ihren Langzeitwirkungen Rechnung trägt? Ein Aufruf zu einem *Krisengipfel für das Bildungswesen* erschiene in seiner generationenübergreifenden Gesamtbewertung durchaus nahe liegend und das für sie angemessene Vokabular.

Unsere Bildungskrise steht auch deshalb im Schatten der akut ausgebrochenen Finanzkrise, weil ihr ein Wesensmerkmal fehlt: Sie erzeugt keinen Brandherd, der geradezu nach Sofortmaßnahmen ruft. Sie vollzieht sich schleichend und im Nebeldunst unserer täglichen Wahrnehmung. Darüber hinaus bietet sie unserer Politik und öffentlichen Meinung zu viele Ansatzpunkte für kontroverse Vorstellungen, für strittige Zielsetzungen und auch für ideologische Wunschbilder. Diese Erfahrung gehört in das Bild unserer Gesellschaft seit Jahr und Tag.

Wir dürfen in dieser abschließenden Gegenüberstellung nicht übersehen, dass auch die plötzlich losgebrochene Finanzkrise ein Resultat fehlgeleiteter Bildung ist. Nur sind die institutionellen Urheber der Finanzkrise direkter zu benennen. Die Urheber unserer Bildungskrise stehen nicht greifbar im Rampenlicht. Auch das macht es den Bildungsproblemen schwer, öffentlich und politisch das erforderliche Gehör zu bekommen. Unsere Bildungskrise ist nahezu total *systemimmanent*. Unsere Gesellschaft hat sie verantwortlich hervorgebracht.

V. Beschäftigung und Wachstum – zwei Fundamentalziele unserer Gesellschaft

Vollbeschäftigung und wirtschaftliches Wachstum befinden sich als herausgehobene Forderungen praktisch auf jeder regierungspolitischen Agenda. Die dafür gesetzten Zielmarken wurden in den zurückliegenden Jahrzehnten jedoch verfehlt.

Wirtschaftliches Wachstum ist Ausdruck für unsere über den Markt erbrachte und bewertete volkswirtschaftliche Leistungsentwicklung zu konstanten Preisen. Ihr ermittelter Prozentsatz ist insofern objektiv. Er ist aber kein Ausdruck für Wohlstandsmehrung schlechthin. Lebensinhalte wie soziale Gerechtigkeit und ökologische Nachhaltigkeit und vor allem die wichtigen Belange von Zukunftsvorsorge bleiben ausgegrenzt. Auch ein von Krebsgeschwüren durchsetztes Gewebe kann wachsen. Trotzdem sind wir in unserem durch Politik und Öffentlichkeit gesteuerten Bewusstsein stark auf diese statistische Größe fixiert.

Die Bemessung unseres Wachstums hängt an der preisbereinigten Entwicklung unseres jährlichen Bruttoinlandsprodukts. Dessen Trend führte im Anschluss an 60er Jahre nach unten. Die 60er Jahre selbst verzeichneten noch ansehnliche Zuwachsraten von 4 bis 5 Prozent pro Jahr. Die 70er Jahre lagen bei durchschnittlich + 2,9 Prozent, die 80er bei + 2,7 Prozent und die 90er im vereinigten Deutschland nur noch bei + 1,7 Prozent.[1]

Nach vorläufigen Zahlen hat Deutschland in 2008 mit + 1,5 Prozent wiederum bescheiden abgeschnitten. Das ist bemerkenswert im Vergleich mit den Aufbruchländern, die vor 20 bis 30 Jahren noch eher zur Dritten Welt gerechnet worden sind: China liegt bei + 9,6 Prozent, Indien und Russland bei + 6 bis 7 Prozent und Lateinamerika bei + 4,4 Prozent. Die Wachstumskraft Deutschlands erscheint aber auch angesichts seiner starken Vernetzung mit der Weltwirtschaft als schwach. Die Weltwirtschaft als Ganzes ist 2008 voraussichtlich um + 3,6 Prozent gewachsen.[2]

Wachstum bedarf der Beschäftigung. Nur Beschäftigung von erwerbsfähiger Bevölkerung trägt Wachstum. Andererseits braucht Wachstum aber nicht unbedingt Vollbeschäftigung. Je größer aber die Beschäftigungseinbußen durch Arbeitslosigkeit sind, desto eingeschränkter sind prinzipiell die Wachstumsmöglichkeiten. Insofern ist auch die Arbeitslosenstatistik ein wesentliches Merkmal für die Wachstumskräfte einer Volkswirtschaft.

So wie uns im Bildungsbereich Vieles verborgen bleibt, so entnehmen wir auch aus den uns öffentlich vorgestellten Arbeitslosenzahlen nicht die ganze Wahrheit. Die *Bundesagentur für Arbeit* meldete im Frühjahr 2008 insgesamt 3,77 Millionen Arbeitslose. Hinzuzurechnen wären aber alle diejenigen erwerbsfähigen Bezieher von Arbeitslosengeld, die aus den verschiedensten Gründen wie 58er Regelung, Trainingsmaßnahmen oder beantragte Rehabilitation in einer Größenordnung von zusätzlichen 2,6 Millionen als Arbeitslose statistisch ausgeklammert worden sind.[3] Daraus summieren sich unbeschäftigt Erwerbsfähige auf rund 6,3 Millionen, die zum erheblichen Teil aus Bildungsmangel nicht an volkswirtschaftlicher Wertschöpfung teilnehmen.

Arbeit ist eine verbindende soziale Kraft. Arbeit und Beschäftigung bedeuten für eine Gesellschaft viel mehr als lediglich ihr Leistungsbeitrag zum Volkseinkommen. Ohne sie gibt es Brüche im Gemeinschaftlichen. Arbeit und Beschäftigung gehören normalerweise auch zur Lebenserfüllung. Wer sinnvolle Beschäftigung gekannt hat, wird ihren Verlust auch eher vermissen. Wer sie persönlich nie richtig erlebt hat, beispielsweise weil er auf seinem Bildungsweg nicht vorangekommen ist oder in seinen Generationen keine sinngebende Beschäftigung erlebte, wird sie eher nicht entbehren und damit – ob bewusst oder nicht bewusst – auch an gesellschaftlichen Rissbildungen mitwirken. Aber unabhängig davon absorbiert durch Bildungsmangel erzeugte Beschäftigungslosigkeit vermeidbare sozialstaatliche Mittel in erheblichem Umfang, die für öffentliche wachstumstragende Ausgaben nicht mehr zur Verfügung stehen können.

Nur Bildung macht Menschen qualifiziert beschäftigungsfähig. In den Kategorien von wirtschaftlichem Wachstum kommt es auf ihre Beschäftigungsfähigkeit an. Und wachstumsoptimal ist ein Bildungssystem dann, wenn es bedarfsgerecht ist. Wenn Deutschland den Anspruch erhebt, nach Kräften weiter wachsen zu wollen, muss es seinen Bürgern zumindest die Möglichkeit geben, ihre individuelle Beschäftigungsfähigkeit dafür zu schaffen.

Wirtschaftliches Wachstum ist seit Jahrzehnten in unserem Denken und Streben verankert. Es prägt unser gesellschaftliches Bewusstsein und unsere daraus entwickelten Ansprüche. Zwar wissen wir nicht, ob unsere Möglichkeiten ein fortgesetztes Wachstum zulassen. Wir leben aber – bewusst und unbewusst – mit dieser Selbstverständlichkeit und verhalten uns entsprechend. Aber trotzdem: Ein bedingungsloses Wachstum gibt es nicht. Und seine Bedingungen, die dafür erfüllt werden müssen, fordern unsere Gesellschaft immer stärker heraus. Dabei ist es nicht allein die Bildung, die fortgesetztes Wachstum erst möglich machen kann. Auch ein sogenanntes wachstumsoptimales Bildungssystem kann unter Umständen nicht verhindern, dass wir mit unserer volkswirtschaftlichen Leistungskraft und unserem Wohlstand zurückfallen werden. Nur werden wir bei

Fortbestehen unserer Bildungsmängel Wachstumseinschränkungen und -gefährdungen erleben, die noch weit über einen aus anderen Gründen nötigen Wachstumsverlust hinausgehen.

Soweit zu den allgemeinen Beziehungen zwischen Bildung und wirtschaftlichem Wachstum. Nun zu den besonderen Herausforderungen im 21. Jahrhundert.

1. Beschäftigung und Wachstum sind gleichsam ein Spielball im global gewordenen Wettbewerb. Wettbewerb ist die zivilisierte Form der menschlichen Veranlagung, zu erobern und zu beherrschen. Kein Land weltweit nimmt dabei Rücksicht auf Deutschland. Und die Geschichte lehrt uns: „Kein Platzhirsch hält auf die Dauer sein Revier ... Wer an die Spitze will, muss wissen: Er wird unfehlbar der künftige Verlierer".[4] Vorsprung ist kein Vorrecht. Meinhard Miegel wird hier noch entschiedener: „Jede Entwicklung trägt die Ursachen ihres Niedergangs von Beginn an in sich". Und es bedürfe keines Scharfsinns, „ ... um zu erkennen, dass Wirtschaftswachstum und materieller Wohlstand sich in den frühindustrialisierten Ländern zunehmend selbst verzehren".[4]

   Das gilt im Politischen wie im Wirtschaftlichen. So verstand beispielsweise auch der US-amerikanische Präsident John F. Kennedy seinerzeit in den 60er Jahren die Rivalität mit der Sowjetunion: „nicht eigentlich als einen Wettlauf ins All, sondern als einen Wettlauf der Bildungssysteme".[5] Und ein aktuelles Beispiel aus dem Weltwirtschaftlichen: China konkurriert mit dem *liberalen* Westen nicht mit dem Anspruch eines andersartigen Wirtschaftssystems, mit Sozialismus geschweige denn Kommunismus. Sein Ziel und seine Demonstration ist pragmatisch erzeugtes Wirtschaftswachstum.

2. Ob sich Deutschland im globalen Wettbewerb wachsend behaupten kann, ist eine Frage seiner Wettbewerbsstärke. Internationale Abschottung erscheint nicht als geeignete Abwehrhaltung.

   Die Globalisierung als solche fordert unser Bildungssystem heraus. Sie wird aber zusätzlich durchdrungen und befördert durch technische Entwicklungstrends, die sich ebenfalls zunehmend dynamisch verhalten. Beides sind nicht-umkehrbare Prozesse. Beidem hat sich unsere Bildungspolitik zu stellen.

   Wirtschaftliches Wachstum hat schon immer die Anpassung seines Bildungssystems erforderlich gemacht. Heute sind diese Anpassungszwänge aber bei weitem größer und sie werden in Zukunft weiter an Gewicht und an nötiger Kurzfristigkeit gewinnen.

3. In unserer global gewordenen Weltwirtschaft „... drängen Wissen, Kapital und Arbeit wie in einem System miteinander verbundener Röhren zum Ausgleich". Nach Miegels Dafürhalten ist „die Quintessenz der Globalisierung die Annäherung aller Preise, ob gewollt oder ungewollt, ... und zu glauben, der Westen könne den Annäherungsprozess auf seinem hohen Preispodest aussitzen, ist wirklichkeitsfremd".[4]

Miegels Beurteilung wird verbreitet geteilt. Selbst der Managerkreis der der SPD nahe stehenden Friedrich-Ebert-Stiftung bekräftigt: „Erst das Ende der Besitzstandswahrung wird im 21. Jahrhundert eine wieder erfolgreichere Evolution ermöglichen".[6]

Was kann ein bedarfsorientiertes Bildungssystem dem zunehmenden globalen Wettbewerbsdruck als nationale Widerstandskraft entgegensetzen? Mit welchen konkreten Anforderungen muss es rechnen? Wie lautet insbesondere seine bedarfsgerechte Ausrichtung?

4. Die Globalisierung zwingt uns an die Grenzen unserer wirtschaftlichen Leistungsfähigkeit. Sie konfrontiert uns mit Aufbruchländern wie China, Indien und Südkorea, die mit ihrem großen Bevölkerungsangebot verinnerlicht haben, dass wirtschaftliches Vorankommen harte Arbeit ist. Darauf stellen sie sich mit einer immer größeren Breitenwirkung ihrer Bevölkerung ein.

Nehmen wir als Beispiel die alljährlich mit weltweiter Beteiligung ausgerichtete *Intel International Science and Engineering Fair*, den größten Wissenschaftswettbewerb für Schüler. „2004 lockte die Intel Fair 65.000 amerikanische Jugendliche an ... aus China waren es 6 Millionen. Und China räumte dabei 34 Preise ab, mehr als jedes andere asiatische Land".[7]

Ein anderes Beispiel: Mitarbeiter von *Microsoft Research Asia,* einem Forschungszentrum in Peking, „ ... arbeiten freiwillig 15-18 Stunden pro Tag und kommen noch an den Wochenenden ins Labor. Sie arbeiten auch in den Ferien, weil es ihr Traum ist, für Microsoft zu arbeiten".[7]

Eine wegweisende Schlussfolgerung für Deutschland kann nur lauten: Leistungsansprüche und Bildungsqualifikationen fordern und fördern!

Aber „selbst massive Investitionen in die Bildung sind keine Erfolgsgarantie ... Die Antwort ist Kultur ... Eltern chinesischer, indischer oder anderer asiatischer Länder setzen viel stärker auf Persönlichkeitsbildung ... Was bei ihnen zählt, sind Tugenden wie harte Arbeit, Sparsamkeit, Geduld und Ausdauer ... Und in Indien und China hören

Kinder seit eh und je von ihren Eltern, dass Arzt oder Ingenieur das Beste ist, was sie im Leben werden können".[7]

In aller Deutlichkeit lautet dazu eine Lebenserfahrung des US-amerikanischen Politologen Michael Mandelbaum von der John-Hopkins-University:

„Menschen ändern sich nicht, wenn man ihnen von einer besseren Wahl erzählt. Sie ändern sich, wenn sie keine andere Wahl mehr haben".[8]

Es ist also weniger der schlichte ökonomische Abstand zwischen Deutschland und den Aufbruchländern mit ihrem vergleichsweise noch niedrigen Lebensstandard und ihren genügsamen Löhnen und Preisen, der unserer sozial verwöhnten und anspruchsvollen Wohlstandsgesellschaft zu schaffen macht. Hauptsächlich sind es deren Zielstrebigkeit und Bescheidenheit in ihrer Lebensführung, mit der sie mit dem industrialisierten Westen gleichziehen, wenn nicht sogar ihn mit ihrem Leistungsvermögen alsbald übertreffen wollen.

5. Die Globalisierung geht mit einer sich zunehmend beschleunigenden technischen Entwicklung einher. Das wird in der gegenwärtigen Diskussion meist nicht genügend hervorgehoben. Für unseren Bildungsbedarf und seinen Beitrag zum Wirtschaftswachstum ist das aber von außerordentlicher Bedeutung.

Geht man den *Gesetzmäßigkeiten* der technischen Entwicklung auf den Grund, so ist zu erkennen: Die technische Entwicklung verhält sich wie die biologische Evolution nicht linear, sondern exponentiell. Ray Kurzweil erläutert das anhand des Zweiten Hauptsatzes der Thermodynamik, dem Gesetz der wachsenden Entropie. Wachsende Entropie bedeutet Zunahme von Unordnung. Unordnung ist gleichbedeutend mit Problemanhäufung. Und sowohl biologische Evolution als auch menschliche Technik streben danach, anstehende Häufung von Problemen zu bewältigen und jeweils in eine neue gehobene Ordnung zu überführen. Das Ergebnis sind dann erfolgreich gemeisterte Aufgaben bzw. Problemlösungen auf ständig höherem Niveau. Insofern ist Technik „die Fortsetzung der Evolution mit anderen Mitteln".[9]

Biologische Evolution und Technik – beide kämpfen ständig ums Überleben. Bisher gelingt ihnen das durch ihre fortlaufend differenziertere Ordnung von Stufe zu Stufe. Ihr gemeinsamer Antrieb ist dabei – physikalisch erklärt – die wachsende Entropie, auch als Chaos bezeichnet. „Denn das Chaos ist die unerschöpfliche Quelle neuer Entwicklungsmöglichkeit".[9]

Das heißt mit anderen Worten: Unsere bürgerlichen Lebensprobleme breiten sich beschleunigt aus und erfordern ein immer höheres Maß an Beherrschung, sei es durch Technik, sei es durch Organisation, durch Vernetzung oder durch Kommunikation. Und das gelingt nur durch dazu befähigende Bildung!

Zwischen biologischer Evolution und zivilisatorischer Entwicklung besteht aber ein grundsätzlicher Unterschied: In der Evolution auf natürliche Weise angelegt ist eine „Neigung zur Selbstordnung, zur Selbstorganisation". Im menschlichen Verhalten fehlt dieses stabilisierende Element. Wir Menschen müssen uns zur Bewahrung gesunder Lebensverhältnisse die dafür nötige *Ordnungskraft* selbst schaffen. Das erwies sich in unserer Geschichte bereits als schwer genug. In Zukunft wird diese Aufgabe immer schwieriger, weil sie selbst exponentiell wächst. Deshalb werden wir einen immer intensiveren und in immer kürzeren Zeiträumen zu erfüllenden Anpassungsbedarf zu bestehen haben. Beruhigend ist, sagen zu können: „Mit deinem Geist bewältigen kannst du unendlich viel".[9] Darin liegt aber zugleich auch die *unerhörte Bildungsherausforderung*!

6. Nach Kurzweil haben wir bereits in den ersten zwei Jahrzehnten des 21. Jahrhunderts weitaus größere Veränderungen zu erwarten als wir sie im gesamten 20. Jahrhundert erlebten. Und das 21. Jahrhundert wird am Ende sein „wie zehn Jahrhunderte in einem".[10] Das bedeutet: Es werden *neue Lebenswelten* für uns entstehen.

Auch die Globalisierung selbst ist ein Phänomen, ein Produkt der beschriebenen technischen Entwicklungsdynamik. Sie ist weit mehr als nur ein weltwirtschaftlich geschaffenes Ereignis. Sie ist letztlich auch ein Kind der exponentiell verlaufenden Evolution! Und mehr noch: Die Globalisierung bringt die Gesetzmäßigkeit der technischen Entwicklung auf ihrem heute bereits sehr hohen Beschleunigungsgrad voll zum Tragen; sie macht diese Gesetzmäßigkeit weltweit erfüllbar!

Aus der früheren Wirtschaftsgeschichte kennen wir kürzere und längere Konjunkturphasen. Langfristige Wirtschaftszyklen in einer Abfolge von jeweils etwa 50 Jahren deutete der russische Konjunkturforscher Nikolai Kondratieff Anfang des 20. Jahrhunderts als Folge besonderer technischer Basisinnovationen. Heute fällt es schwer anzunehmen, dass dieses Prinzip eines wiederkehrenden intervallweisen Innovationsschubes auch unsere zukünftige wirtschaftliche Entwicklung bestimmen wird. Naheliegender ist, davon auszugehen, dass sich der Strom wissenschaftlicher und technischer Neuerungen schon so verbreitert und verdichtet hat, dass er aus sich heraus – fortdauernd expansiv und antriebsaktiv – bereits zur weltweiten Dauerbeanspruchung geworden ist. Das bedeutet die Einbindung und Hineinforderung aller Menschen in seine Dynamik bis an die Grenzen ihrer Möglichkeiten.

Naheliegend erscheint auch, dass die Gräben zwischen Kulturen, die den Willen, die Mittel und den Fokus haben, sich bildungsmäßig entsprechend zu wappnen, und denen, die das nicht tun, immer tiefer werden. Und wie lassen sich die Fortschritte von Taiwan, Hongkong, Japan, Südkorea und China besser erklären als Thomas Friedman es tut: „Je weniger natürliche Ressourcen ein Land besitzt, umso besser kommt es in der flachen Welt zurecht ... Es erschließt sich die Energien, den Unternehmensgeist, die Kreativität und die Intelligenz seiner gesamten Bevölkerung, Männer wie Frauen".[11]

Helmut Wienert veranschaulicht uns einen erwartbaren Entwicklungsprozess, der mit der oben beschriebenen exponentiellen Evolution in Einklang stehen dürfte:

„Um 1950 gab es 2,5 Milliarden Menschen, von denen ungefähr 800 Millionen in Ländern mit nennenswerter eigener Forschung lebten. Nimmt man zur Illustration der Ausgangsgröße eine *Forscherquote* von 5 Prozent der Bevölkerung für diese Ländergruppe an, so entsprach dies weltweit 40 Millionen Forschern. Im Jahr 2050 werden es vermutlich durch Bevölkerungswachstum, Ausweitung der Forscherquote und des forschenden Länderkreises über 300 Millionen sein. Innerhalb von 100 Jahren könnte sich die Zahl der Forscher also fast verachtfachen."[12]

7. Fassen wir die wesentlichen Beziehungen noch einmal zusammen.

Globalisierung und exponentiell verlaufender Entwicklungsprozess von Technik und Technologie sind die dynamischen Kräfte unserer Zukunft. Sie sind die *Symbole von Entwicklung* in unserer modernen vernetzten Weltgemeinschaft. Die daran beteiligten Menschen sind Akteure und Getriebene zugleich. Hinter diesen Prozessen stehen weltweit viele Menschen, die diese Prozesse voranbringen. Dahinter stehen aber auch viele Menschen, die dadurch unter Druck geraten.

Wie viel Beschäftigung und wie viel Wachstum daraus resultieren kann, bestimmt die jeweilige *Lebenstüchtigkeit durch Bildung* der beteiligten Gesellschaften. Bildung ist das wesentliche funktionelle Bindeglied zwischen diesen Kräften und den für ein Land wie Deutschland daraus entstehenden Auswirkungen auf Beschäftigung und Wachstum.

Welchen Nutzen eine Gesellschaft aus Globalisierung und technischer Evolution wirtschaftlich für sich gewinnen kann, bestimmt ihre Bildungspolitik. Je ernsthafter eine Gesellschaft wie die deutsche auf Vollbeschäftigung und wirtschaftliches Wachstum setzt, desto konsequenter muss sich ihr Bildungssystem darauf ausrichten. Bildung ist die wichtigste Brücke, mit der diese Voraussetzungen überhaupt nur erfüllt werden können. Erst Bildung, breit und zukunftsgerecht angelegt, macht Globalisierung und technische Evolution vollziehbar. Und erst durch angepasste Bildungsentwicklung sind Wohlstandsbewahrung und Wohlstandsmehrung, wenn überhaupt, in Zukunft eine erreichbare Zielsetzung.

8. In welche Richtung hat sich eine im globalen Wettstreit befindliche Volkswirtschaft wie die deutsche bildungsmäßig zu entwickeln?

Friedman konzentriert sich dabei auf die „Angehörigen der neuen Mitte". Ihre besonders geforderten Qualifikationen sind: zusammenarbeiten und Zusammenarbeit organisieren können; Wertschöpfungsketten über Kontinente hinweg steuern; erklären, wie etwas gemacht wird; Computerpotentiale mit dem Können von Menschen kombinieren; flexibel sein und auf möglichst alles vorbereitet sein. Dabei wird die Art der Ausbildung vermutlich wichtiger sein als ihr Umfang. Anstrengung und Strebsamkeit sind wichtig; aber die Neugier eines Menschen zu wecken ist sehr viel wichtiger. Denn „niemand gibt sich mehr Mühe als ein neugieriges Kind". Und Einfühlungsvermögen, ganzheitliches Denken und Phantasie - bevorzugte Zuständigkeiten unserer rechten Gehirnhälfte - seien besonders zu fördern. Nur, bedauerlicherweise, wurden „die meisten ungebildeten Menschen dazu gemacht".[13]

In die gleiche Richtung gehen auch andere qualifizierte Trendaussagen. So ist nach einer Studie der Prognos AG für 2030 damit zu rechnen, dass fast jeder zweite Arbeitsplatz auf beruflich anspruchsvollere Dienstleistungsbranchen entfällt. Zeitarbeit, Logistik und Beratung als unternehmensnahe Dienstleistungen werden immer beherrschender, während das verarbeitende Gewerbe infolge seiner dynamischen Produktivitätsentwicklung als Arbeitgeber an Bedeutung verlieren wird.[14]

9. Politiker deklarieren unsere Gesellschaft gern mit dem Prädikat *Wissensgesellschaft*. Das ist im Sinne der nötigen bildungspolitischen Ausrichtung weder präzise noch wegweisend. Denn Wissen ist Information und Information ersetzt keine Bildung!

„Je mehr Informationen es gibt, desto mehr Zeit braucht man, um sorgfältig zu prüfen, wie wichtig diese jeweils sind ... Wenn Datenquantität und Informationsqualität auseinanderklaffen, versinken wir im Treibsand der Daten ... Es herrschen dann Datenflut und Denkebbe".[15]

Heute haben „die Verteidiger eines humanistischen Bildungsideals erneut ein wichtiges Argument auf ihrer Seite: Urteilskraft und Entscheidungsfähigkeit ... werden in den Berufen der Zukunft mehr gefordert als zuvor".[16] Auch das ist eine besondere Herausforderung an unsere rechte Gehirnhälfte. Gefordert ist immer mehr die bürgerliche Persönlichkeit, die sich im Denken und Verantworten interdisziplinär zu verhalten gelernt hat. Auch eine sportliche und musische Komponente täte ihr und der Gesellschaft gut.

Aber schon gar nicht dürfte es weiterhin einen Mangel an einer ausgewogenen Grundausbildung geben: Lernverständnis und Schreibkompetenz und ebenso die Beherrschung der allgemeinen Mathematik müssten zum selbstverständlichen Bildungsgut eines Schulabgängers und Ausbildungsinteressierten im neuen Zeitalter der globalen Welt gehören. In der vorindustriellen Welt spielte die Körperkraft die entscheidende Rolle. In der heutigen nachindustriellen Zeit kann es nur die durch Bildung lebens- und berufstüchtig entwickelte Intelligenz des Menschen sein.

10. Es gibt ernstzunehmende Aussagen darüber, dass die globale Wettbewerbsfähigkeit Deutschlands als eingeschränkt anzusehen ist. So lautet die Beurteilung des International Institute for Management Development (IMD, Lausanne) in ihrem *World Competitiveness Yearbook* 2005 auszugsweise:

„Der Teilindikator *wirtschaftliche Leistung*, der das makroökonomische Gesamtbild zusammenfasst, ist dramatisch eingebrochen. Deutschland erreicht hier 2005 nur noch Rang 23, nach Rang 4 im Jahr 2004. Mit dem Teilindikator *Regierungseffizienz* … ist Deutschland von Platz 34 in 2004 nunmehr auf Platz 35 in 2005 gestellt. … Auch im Teilindikator *unternehmerische Effizienz* hat sich Deutschland nicht verbessert, … nach Rang 34 in 2004 nun Rang 36. Ursachen sind nach wie vor die hohen Einheitskosten und die im internationalen Vergleich recht geringen Wochenarbeitszeiten …"[17]

Demgegenüber beruhigt auch nicht die Aussage, „Deutschland sei doch Exportweltmeister". Denn Deutschland exportiert rund 35 Prozent seines BIP in europäische Länder sowie nach USA und nach Japan (2005). Diese Regionen gelten aber für uns mehr als ein Quasi-Binnenmarkt und sind nicht die Herausforderung wie die asiatischen Aufbruchländer.[18]

Sehr großer Anstrengungen wird es bedürfen, einen heute noch behaupteten Vorsprung in Technologie und Produktivität auch in Zukunft aufrechterhalten zu können. Zur „wichtigsten Technologie des 21. Jahrhunderts" wird nach Kurzweil die Nanotechnologie werden; das sind Konstruktionen auf molekularem Niveau. Aber auch andere Wissenschaftsgebiete, darunter die Informationstechnologie und Biotechnologie, lassen beschleunigte Entwicklungen erwarten.

Qualifikationen in Technik und Naturwissenschaft werden besonders gefragt sein. Es gibt keinen Zweifel darüber, dass zwischen unserer gesamtwirtschaftlichen Innovation und einer – im wissenschaftlichen Terminus gesprochen – darauf ausgerichteten *Humankapital-Akkumulierung* eine eindeutige positive Korrelation besteht, – so ein (im Grunde selbstverständliches) Fazit auf der Jahrestagung des *Vereins für Socialpolitik* im Jahr 2007. Humankapital-Akkumulation bedeutet für Deutschland aber im sehr großen Umfang auch hochleistungsfähige Spezialisierung. Das kann – zusätzlich – nicht ohne besondere Förderung von hochbegabten jungen Menschen erreicht werden. Denn „als Maßstab für das ökonomische Potential einer Nation"[19] gelten nicht so sehr die Durchschnittsleistungen ihrer Schüler und Nachwuchskräfte, sondern der Umfang ihrer Spitzenleistungen, die sie erbringen.

Das deutsche Bildungssystem hat demgemäß drei herausgehobene Grundaufgaben zu erfüllen: Respektierung und Förderung von Bildungsleistungen, die höchsten persönlichen wie fachlichen Ansprüchen gerecht werden können; breit angelegte Anhebung des allgemeinen Bildungsniveaus; und besondere Konzentrierung auf das Bildungsproblem am unteren Rand unserer Bildungsskala, wo dramatisch unqualifizierte Kenntnisse, Fähigkeiten und Verhaltensweisen vorliegen.

Hochentwickelte traditionelle Industrieländer wie Deutschland dürfen nicht dem Irrglauben verfallen, dass Begabungspotentiale von Land zu Land, von Herkunft zu Herkunft oder von Rasse zu Rasse biologisch unterschiedlich verteilt seien. Die Geschichte der Völker verlief zwar unterschiedlich. Das beruht aber ausschließlich auf der Unterschiedlichkeit ihrer Umwelt und nicht auf angeborenen Unterschieden in den natürlichen Begabungen zwischen den Völkern.[20]

11. Höherwertige Bildung ist also zunehmend gefragt. Umso kritischer betrachten auch die Unternehmen das deutsche Bildungssystem. Mehr als die Hälfte der deutschen Arbeitsplätze gelten als hochqualifizierte, wissensintensive Tätigkeiten. Entsprechend abgenommen hat die volkswirtschaftliche Bedeutung von nicht-wissensintensiven Dienstleistungen; diese Quote bewegt sich seit Jahren im Abwärtstrend und beträgt aktuell lediglich noch 21 Prozent.[21]

Als Prognose für die USA gilt, dass die Zahl der Arbeitsplätze im Bereich von Wissenschaft und Technik in Zukunft dreimal so schnell wachsen wird wie der dortige Arbeitsmarkt insgesamt. Zum Nachteil seiner wirtschaftlichen Entwicklungsaussichten hat sich in diesem westlichen Führungsland die naturwissenschaftlich-technische Basis relativ verringert. „In den Ingenieurwissenschaften vergeben asiatische Universitäten heute achtmal so viele Bachelor-Abschlüsse wie die Universitäten in den Vereinigten Staaten".[22] Dabei ist noch von besonderem Gewicht, dass allein in China 60 Prozent aller Bachelor-Abschlüsse auf Naturwissenschaft und Technik entfallen; in Südkorea sind es 33 Prozent, in Taiwan 41 Prozent. In den USA dagegen nur 31 Prozent.[22] Deutschland gehört eher zu den Schlusslichtern.

12. Wozu ist uns Menschen Intelligenz gegeben? Sicherlich nicht, um diesen schöpferischen und produktiven Acker brach liegen zu lassen. Mit diesem lebensimmanenten Gesetz ist im Grunde jeder Mensch angetreten, ihn zu entwickeln und nützlich zu machen. Und das möglichst in persönlicher Selbstverantwortung. „Das ist der primäre Fokus der menschlichen Spezies".[23]

In Anlehnung an Kurzweil ist Intelligenz „die Fähigkeit des Geistes, in eine vormals ungeordnet (belastend) betrachtete Situation gedanklich Ordnung hineinzubringen". Die praktische Handlungsempfehlung daraus lautet analog wie bei einem Schachspiel:

„Definiere sorgfältig dein Problem. Das ist der eigentlich schwierigste Schritt. Die meisten Menschen versuchen Probleme zu lösen, ohne sie vorher zu verstehen. Als nächstes analysiere die sozialen Konturen deines Problems auf rekursive Weise. Dann spiele den besten Zug."

Das ist der Kern der sogenannten Rekursionsformel. Keine Datenverarbeitung kommt ohne rekursive Algorithmen solcher Art aus.[23]

Unsere Bildungspolitik ist bisher auf andere Weise vorgegangen. Damit blieb sie weit unter ihren Möglichkeiten. Das ist das in Richtung Zukunft Entscheidende. Vor diesem Hintergrund tritt zurück, dass sicherlich auch eine qualifizierte Bildungspolitik Begrenztheiten hat, die sie nicht eliminieren kann. Diese ergeben sich aus der Frage, inwieweit grundsätzlich alle Menschen einer global geforderten Gesellschaft in der Lage sein können, ihrem exponentiellen Entwicklungsprozess bildungsgerecht zu entsprechen. Wären sie in ihren Veranlagungen und in ihrem Bewusstsein überhaupt prädestiniert, ihren ständig mehr geforderten Bildungsgrad fortlaufend daran anzupassen? – Diese Frage muss hier ohne Antwort bleiben.

13. Versuchen wir daraus ein vorläufiges Resümee.

Unsere Bildungspolitik operiert mit einem vielseitigen Handicap. Sie hat mit *zehn Parametern* zu tun, die in ihrer Trägerfunktion für Beschäftigung und wirtschaftliches Wachstum eine wichtige Rolle spielen:

1. Sie muss eine breit angelegte Bildungskultur fördern. Ihre Angriffspunkte dafür sind hauptsächlich Elternhäuser, Kindergärten und Schulen.

2. Die Ansprüche an das Niveau von Bildung und Ausbildung werden immer größer. Das hat Bildungspolitik zu vermitteln.

3. Sie hat Orientierungen zu setzen, damit die Entwicklung von Bildung und Ausbildung mit der voraussichtlichen Bedarfsentwicklung im Einklang stehen kann.

   Das gilt für ein Wohlstandsland wie Deutschland ganz besonders. Nicht nur Wohlstandsmehrung, sondern bereits lediglich Wohlstandsbewahrung erfordert weitaus größere Bildungsanstrengungen als bisher. Sonst sind unsere Lebensbedingungen, getragen aus Technologie und globaler kommunikativer Vernetzung, ganz gewiss nicht aufrechtzuerhalten. Die Entwicklungen von Technik und Technologie erzeugen Aufgaben und Probleme, die ein normaler Sterblicher ohne eigene oder abgeforderte Bildungsanstrengungen immer schwieriger begreifen wird.

4. Ein solcher Prozess der Bildungsentwicklung braucht Zeit, auch wenn er unverzüglich begonnen würde. Deshalb müssen wir zumindest noch mittelfristig mit anhaltenden Einbußen in unserer gesellschaftlichen Leistungsfähigkeit rechnen. Damit stehen Vollbeschäftigung und wirtschaftliches Wachstum bis auf weiteres außerordentlich in Frage.

5. Selbst eine an den nötigen Wachstumskräften orientierte Bedarfsausrichtung eines Bildungssystems erfordert lebenslange bürgerliche Bereitschaft. Offen ist, wo diese Grenzen einer beschäftigungs- und wachstumsoptimalen Bildungspolitik in dieser Hinsicht letztlich liegen. Auf jeden Fall gilt: Vollbeschäftigung und wirtschaftliches Wachstum sind kein Ergebnis, das sich allein aus einer optimal konzipierten Bildungspolitik verordnen oder sicherstellen lässt.

6. Deutschland wird soweit absehbar keinen Bedarfsmangel an qualifiziert Gebildeten haben. Das Gegenteil wird der Fall sein. „Es ist überhaupt nicht zu sehen, wo gut ausgebildete Jugendliche in großer Zahl herkommen sollten, zumal fast alle hochentwickelten Länder vor ähnlichen Problemen wie Deutschland stehen".[12] Dabei hat unsere Gesellschaft der große demographische Altersschub noch nicht einmal erreicht. Bis zum Jahr 2050 wird sich der Anteil der über 60-Jährigen an unserer Bevölkerung auf mindestens 40 Prozent erhöhen.[24]

7. Mit der absehbar zunehmenden Knappheit an beruflichen Bildungsträgern für wirtschaftliches Wachstum werden unsere sozialen Begleitbedingungen immer belastender. Arbeitszeiten, Urlaub einschließlich Feiertage und berufliche Lebenszeiten bis zum Rentenalter werden Grenzen setzen, über deren Auswirkung wir uns nicht beklagen dürfen.

8. Wie kann die in Jahrzehnten aufgelaufene große Zahl von Nicht-Qualifizierten in geordnete Beschäftigungsverhältnisse vermittelt werden? Durch Nachbildung? Durch staatlich initiierte Zuweisung von Arbeit?

   Hier fehlt es heute an öffentlicher Diskussion und erfolgversprechenden Wegweisungen.

9. Nicht minder wichtig ist: Auf welche Weise und ab wann kann der weitere Zustrom von beruflich Nicht-Qualifizierten eingedämmt und gestoppt werden? - Eine befriedigende Lösung hierzu steht aus.

10. Eine Schlüsselfrage unserer Zukunft ist das Verhältnis zwischen Bildungspolitik und Sozialpolitik. Sozialstaatliche Fürsorge muss sich immer in der Gefährdung sehen, die bildungspolitischen Ziele und Bildungsanstrengungen unserer Gesellschaft zu unterlaufen. Insoweit generiert sie selbst, ob gewollt oder nicht, gesellschaftliche Bildungsdefizite. Daraus kann sich ein fortlaufender ungesunder Kreislauf ergeben.

Das Gesamtbild hieraus ist ernüchternd. Unsere Gesellschaft braucht politisch und mental von Grund auf eine Neuausrichtung. Sie muss sich bewusst sein, dass in Zukunft Einschränkungen ihres allgemeinen Wohlstands zu erwarten sind, und sie muss diese Einschränkungen auch akzeptieren und sich damit arrangieren.

Bildung ist Investition in Gegenwart und Zukunft. Ihre Qualität von Investition drückt sich aber nicht in reiner Geldgröße aus. Auch die Zuwendung von Eltern gegenüber ihrem Nachwuchs hat investive Bedeutung, ist aber keineswegs immer eine Frage von Geldausgabe. Und ebenso wenig sind Selbstverantwortung und Selbstdisziplin von jugendlichen und erwachsenen Bürgern, die sich um ihre persönliche Bildungsentwicklung bemühen, ein geldwerter Ausdruck.

Ein gewisser *puritanischer Hauch* täte unserer Bildungspolitik und einer von ihr favorisierten Bildungskultur gut. Wir sollten uns nicht zu abgehoben und entfernt fühlen von Lebenserfahrungen, die bei unseren Vorvätern mit gutem Grund etwas gegolten haben. Vieles daraus hat einen überzeitlichen gesellschaftlichen Rang. „Wer nicht arbeitet, sündigt", ist einer dieser Sätze, die man zu solchen Erfahrungen zählen könnte. Der Reformator Johann Calvin hat ihn verbreitet. Es liegt mir fern, diesen Satz verallgemeinern zu wollen. Er besitzt jedoch einen Wahrheitsgehalt, der in unserer gesellschaftlichen Erfahrung aktuell geworden ist: die Ausbreitung von Gewalt, von Alkohol und von Drogen ist in unserer Öffentlichkeit heute eine

Realität, die nicht auf dem Boden von sinnvoller Beschäftigung, sondern auf dem Boden von Unbildung und richtungsloser Nichtbeschäftigung entstehen konnte. Wer unbeschäftigt ist und sich nicht um Beschäftigung und die Voraussetzungen dafür bemüht, verfängt sich eher in schlechten Gedanken.

Einschränkungen im wirtschaftlichen Wachstum sind nicht unbedingt ein nationales Unglück. Die Geschichte kennt keine gesellschaftlichen Zwangsläufigkeiten. Es wäre deshalb auch verfehlt, von einer Wachstumskrise zu sprechen, wenn die Leistungskräfte unseres Landes dem Ziel wirtschaftlichen Wachstums nicht alljährlich Rechnung tragen können. Denn Entwicklungen verlaufen niemals geradlinig und schon gar nicht immer expansiv.

Vielleicht sollten wir die Globalisierung und die parallel zu ihr verlaufende technologische Evolution mehr als eine schicksalhafte Fügung betrachten. Beide zwingen uns zu entsprechenden Anpassungen. Ein gesellschaftliches Versagen würden wir nur dann zugestehen müssen, wenn wir uns in unseren gesellschaftlichen Entscheidungsprozessen nicht möglichst optimal daran anpassen. In dieser Verantwortung haben wir uns indessen aus den Entwicklungen unserer vergangenen Jahrzehnte erhebliche bildungspolitische Vorwürfe zu machen. Wir haben uns – gemeinsam mit der gesamten Weltbevölkerung – ein Lebensniveau geschaffen, das „nach vielen Kriterien nicht mehr als nachhaltig", also auf gesunde Weise fortsetzungsfähig angesehen werden kann.[25]

Gesellschaftliche Entwicklungen brauchen immer wieder Erneuerungen. Langfristig erfolgreiche und marktwirtschaftlich geführte Unternehmen machen uns das vor: Sie erneuern sich nach innen und nach außen immer wieder innovativ. Gesellschaften tun sich darin schwer. Vor allem Wohlstandsgesellschaften haben damit ihr Problem. Wenn sie dies nicht wahrhaben wollen, oder wenn sie darauf nicht rechtzeitig in geeigneter Weise reagieren, manövrieren sie sich in eine Krise. Deutschland erfüllt heute bereits diesen Entwicklungsstand einer selbstverantwortlich herbeigeführten Bildungskrise.

VI. Wohin bewegt sich Deutschland?

Geschichte ist ein Prozess. Vergangenheit und Gegenwart haben darin bereits ihren Platz. Die Zukunft muss ihn sich erst erstreiten. Die Zukunft hat aber niemals die volle Freiheit, sich losgelöst vom Vorangegangenen zu entfalten. Die menschliche Gestaltungskraft kann jedoch so groß sein, dass sich die Zukunft auch schrittweise von überkommenen Strukturen zu lösen beginnt. So ist auch ein Kernsatz von Jared Diamond zu geschichtlichen Verläufen verunglückter menschlicher Gesellschaften zu verstehen: „Die Zukunft liegt in unserer eigenen Hand". Und es ist eine Frage des Mutes, gegebenenfalls auch „schmerzliche Entscheidungen über Wertvorstellungen zu treffen".[1]

Wertvorstellungen, man kann auch sagen Denkmuster, sind in der Regel der tiefere Grund für gesellschaftliche Fehlentwicklungen. Wenn sie dem Bedürfnis der Zeit nicht mehr entsprechen, häufen sich die aus ihnen erwachsenden Lebensprobleme, und zwar umso stärker, je verbreiteter und je verwurzelter sie bereits sind. Je mehr erschweren sie die erforderlichen Befreiungsschläge, um sich von ihnen zu lösen. Für die nötige Befreiung aus unserer Bildungskrise sind das keine guten Vorzeichen.

Nun steht uns in dieser Konfrontation noch eine über Nacht explosiv ausgebrochene internationale Finanzkrise ins Haus. Viele mögen sich trösten, dass inzwischen unsere gesamte Weltgemeinschaft davon betroffen ist. Aber ein Land übersteht und bewältigt Krisenbelastungen normalerweise um so eher, je gesünder seine Grundstrukturen aufgestellt sind. Für Deutschland gilt das nicht. Deutschland hat in den vergangenen drei bis vier Jahrzehnten Entwicklungen erprobt und ausgelebt, die es heute für zusätzliche gravierende Belastungen besonders anfällig machen. Ein tragischer Zug dabei ist, dass wir uns dessen in unserer Öffentlichkeit bisher nicht recht bewusst geworden sind.

Die im September 2008 auch auf uns hereingebrochene Finanzkrise hat sofort ein politisches Krisenmanagement entfaltet. Von einem nötigen *Krisenmanagement für unser Bildungswesen* wurde bisher öffentlich nicht gesprochen, obwohl das durchaus nahe liegt. Auch nicht im Zusammenhang mit dem von Bundeskanzlerin Angela Merkel für Oktober 2008 angesetzten Bildungsgipfel. Unserer Bildungspolitik fehlt es an der dafür erforderlichen Sensibilität, um sich der aufgelaufenen Fehlentwicklungen in ihrer Tragweite voll bewusst zu sein.

Ein bezeichnendes Beispiel war die Rechtschreibreform. Sie erhielt den offiziellen Segen der Kultusministerkonferenz in 2005, obwohl die *richtige* Schreibweise des Deutschen dadurch von ihrer überlieferten hochentwickelten Kultursprache auf nicht nachvollziehbare Weise abgerückt ist. Kein ausgeprägter Sinn, keine Sensibilität für einen solchen Qualitätsbruch!

Wie weit sollen wir, wie weit dürfen wir uns mit der Einschätzung unserer Zukunft vorwagen? Folgen wir dem Grundtenor von Frank Schirrmacher in der Frankfurter Allgemeinen im September 2008? Bei ihm heißt es:

„Unsere Gesellschaft bewegt sich in ein Zeitalter des Unglücks hinein ... es steht vor der Tür ... Es ging in all den Talkshows und Reden nie darum, einen Zukunftsentwurf von verbindlicher Kraft zu verwirklichen ... Die Ergebnisse sind nicht fiktiv, sie liegen vor Augen: Demoralisierung der nachwachsenden Generation, Zerstörung der Universitäten und Bildungsgänge ... Kurzum: Bedrohung oder Vernichtung des traditionellen Lebenszyklus in fast allen seinen Details ... Das Unglück ist ein hergestelltes, ein produziertes, ... das mit Fleiß in die Welt gesetzt wird und dessen Anstifter, Täter, Mittäter, Mitwisser ... nicht zu benennen sind".[2]

Deutschland begreift sich selbst als ein kulturell und wirtschaftlich entwickeltes Land. Trotzdem präsentiert es sich nicht als eine Gesellschaft, die von sich sagen kann, sie ist zukunftsfähig aufgestellt. Das hat direkt mit seiner Bildungsentwicklung zu tun. Deutschland hat nur eingeschränkte Entwicklungskraft. Daran ist sein Bildungssystem in erheblichem Masse beteiligt, weil es seit längerem chronisch krank ist.

Die Zukunft unserer Gesellschaft richtet sich zwischen zwei Fronten ein. Die eine Front bilden die fundamentalen, die mehr oder weniger externen treibenden Kräfte, die uns zunehmend unter Druck setzen. Die zweite Front sind unsere Reaktionen darauf, unser Denken und Handeln.

Die besonderen externen Kräfte, die uns unter Druck setzen, sind die Globalisierung und der exponentiell verlaufende Prozess unserer wissenschaftlich-technischen Evolution. Wir begleiten diese Evolution mit einer lokalen demographischen Entwicklung, die unsere Verfügbarkeit über eigenen erwerbsfähigen Nachwuchs immer stärker einschränken wird.

Als sehr gravierend tritt der Faktor Ökologie hinzu. Er ist kein nationales, sondern ein weltweites Problem. Er steht im Zusammenhang mit der globalen Bevölkerungsentwicklung, und diese ist ebenfalls eine Ausdrucksform der sich bahnbrechenden irdischen Evolution. Durch sie potenzieren sich alle bisherigen ökologischen Belastungen in Zukunft auf dramatische Weise. Kein vernünftiger Mensch darf annehmen, dass unsere auf Wohlstand und Wachstum angelegten Lebensverhältnisse davon nicht einschneidend betroffen sein werden.

Bedarf es einer Demonstration dieser Aussichten anhand von Zahlen? Nach dem Zweiten Weltkrieg zählte unsere Weltbevölkerung rund 2,5 Milliarden Menschen. Im Verlauf dieses Jahrhunderts werden wir bis zu 9 Milliarden zu erwarten haben. Jared Diamond erklärt sich hierzu ganz entschieden:

„Unser nicht nachhaltiger Verbrauch hat zur Folge, dass die Industrieländer ihren derzeitigen Kurs selbst dann nicht mehr lange beibehalten könnten, wenn es die Dritte Welt nicht gäbe und wenn diese nicht bestrebt wäre, zu uns aufzuschließen ... Die Welt hält es nicht aus, wenn China und andere Drittweltländer auf dem Niveau der Industrieländer leben".[3]

Und noch ein weiterer Bestimmungsfaktor unserer Zeit gehört hier angeführt. Wir stehen vor Konstellationen, die nicht nur außerordentlich herausfordernd sind, sondern in ihren Zusammenhängen auch außerordentlich komplex. Ihre Komplexität hat Ausmaße angenommen, die für den normalen Bürger sehr schwer zu durchschauen und zu begreifen sind. Das öffnet sehr leicht Tor und Tür für bewusst herbeigeführte Fehldarstellung, für das Wecken von Sorgen und Ängsten und für irrationale Abwehrhaltung. Der als über alles aufgeklärt geltende Durchschnittsbürger in Deutschland ist über die Kompliziertheiten von technischen Sachverhalten und kausalen Vernetzungen ganz und gar nicht aufgeklärt.[4] Nicht-Verstehen von akuten Gefahren oder herannahenden Konfrontationen verhindert Bereitschaft zur rechtzeitigen Anpassung.

Soweit zur sogenannten ersten Front unserer Zukunft. In unserer zweiten Front, unserem Denken und Handeln, spielen sich unsere Reaktionen auf unseren Handlungsbedarf ab. Es sind keine auch nur annähernd ausreichenden Reaktionen vorstellbar, die nicht auch eine durchgreifende Anpassung unseres Bildungssystems erzwingen. Auch unsere deutsche Gesellschaft wird - um in der Terminologie von Jared Diamond zu bleiben - über kurz oder lang in bestimmten Entwicklungen Not leiden, wenn sie nicht für entsprechende Bildungsvoraussetzungen sorgt.

Besonders zu bedenken ist dabei: Was für die Ökologie gilt, gilt auch für unseren Bildungsbereich. „Bevor es besser werden kann, wird es wegen zeitlicher Verzögerungen und der Auswirkungen der bereits eingetretenen Belastungen zunächst noch schlimmer werden".[5]

Die folgenden Korrekturansätze an der sogenannten zweiten Front unserer gesellschaftlichen Entwicklung drängen sich besonders auf:

1. Geldwerte Zuwächse - ein trügerisches Vorbild

In der Antike galt es als eine weise Erkenntnis: „Wen die Götter zerstören wollen, dem schicken sie 40 Jahre Erfolg".[6]

Im Jahr 2008 hat sich diese Vision für Deutschland noch nicht erfüllt. Sein allgemeines Wohlstandsniveau ist bisher nicht nennenswert gesunken. Seine wirtschaftlichen Wachstumsraten sind zwar geschwächt, aber noch leicht positiv.

Seit Jahrzehnten indessen wird unser Lebensbewusstsein von wirtschaftlichen Zuwächsen beherrscht. Die Wachstumsraten unseres realen Bruttoinlandsprodukts sind geradezu ein regelmäßiges politisches Verkaufsprodukt. Sie gehören zu unserem Bewusstsein von Anspruch und Selbstverständnis, zu unserer Vorstellung von Fortschritt. Selbst Prognosewerte, die im Laufe eines Jahres graduell zurückgenommen werden, erzeugen eine Atmosphäre von Nervosität. Politik und Öffentlichkeit sind mental durch und durch auf Wachstum eingestellt.

Und trotzdem: *Wachstum* kann keine *Zielqualität a priori* für sich beanspruchen. Mit der *Beschäftigung* steht es anders; Beschäftigung bildet einen gesellschaftlichen *Wert an sich*. Wirtschaftliches Wachstum bedeutet zwar ein größeres durchschnittliches Leistungseinkommen, das verteilt werden kann. Es ist aber nicht unbedingt Ausdruck für Werte wie Lebensqualität, bürgerliche Teilhabe oder Nachhaltigkeit.

Ein Null-Wachstum ein nationales Unglück? Ein Negativ-Wachstum eine nationale Krise? Ein solches Denken ist eher fortschrittsgläubig und fortschrittsversessen und nicht von vornherein zukunftsförderlich. Zurücknahme von Ansprüchen und investive Bereitschaft zu Lasten der Gegenwart können trotz eines gegebenenfalls damit verbundenen Einkommensrückgangs für die Zukunft umso förderlicher sein. Aber es entspricht menschlicher Seele und menschlichem Geist, die begrenzten Möglichkeiten des Daseins ständig überschreiten zu wollen. Der Mensch endet nicht gern an seinen Grenzen.

Aus dieser Wachstumsideologie entstand ein Reflex, der in das Denken und Handeln von Wirtschaft und Gesellschaft tief eingedrungen ist. Das belegen viele Erscheinungsformen.

Wir sind nicht genügend krisenbewusst. Gravierender ist, dass sich unsere Denkweise zunehmend auf die Kategorie des Geldes reduziert hat.

In der Wirtschaft gibt es Entwicklungen, die man durchaus als *Vulgärkapitalismus* bezeichnen kann. Fredmund Malik spricht in seinen St. Gallener Seminaren von *Pekuniarismus*, einem Denken, das vornehmlich an Finanzen und nicht in erster Linie an unternehmerischer Nutzenstiftung interessiert ist. Das Aufkommen des shareholder-value, einer einseitigen Bevorzugung des gewinnorientierten Aktionärsinteresses, hat in weiten Teilen unserer Bevölkerung die Sinnhaftigkeit des Wirtschaftens überhaupt infragegestellt. Ratinggesellschaften, Finanzgruppen und Medien forcierten diesen Trend, indem sie die börsennotierten Großunternehmen ständig ins Rampenlicht ihrer abgeforderten Quartalsergebnisse setzten.

Dabei gilt auch in der allgemeinen Wirtschaftswissenschaft der Lehrinhalt, dass „der Erfolg des Wirtschaftens nicht durch Wirtschaftsgrößen allein auszudrücken ist".[7] Mit anderen Worten:

„Unternehmen sind nicht nur eine ökonomische Institution ... darüber hinaus weit mehr eine politische und moralische Institution ... Das Gewinnmotiv allein ist inhaltsleer. Gewinn als oberstes Ziel zerstört (sogar) die Ertragskraft eines Unternehmens ... Der Zweck des Unternehmens muss außerhalb desselben liegen, im Markt und in der Gesellschaft". Hier erfährt das Unternehmen seine Legitimation. Allein „eine finanzwirtschaftliche Performance genügt nicht".[8]

Inzwischen ist diese Problematik eines der Kernthemen der Corporate Governance im Zeichen einer werteorientierten Unternehmensführung.[9] Die auf geldwerte Zuwächse ausgerichteten Strömungen haben sich indessen weniger im Mittelstand, aber ausgeprägt in unserer Finanzwelt zugespitzt.

Seine Wucherung erlebt dieser Bazillus in der seit Oktober 2008 unseren Globus erfassenden Finanzkrise. Sie ist eine Offenbarung von katastrophaler Auswirkung aufgrund der vorangegangenen Übertreibungen im rein geldbezogenen Denken. Dies müssen wir so erkennen, wie es ist: Die Finanzkrise ist Ausdruck für *geldbesessene Maßlosigkeit*, für *Grenzüberschreitung ohne Verantwortlichkeit*. In ihrer Tragweite entspricht sie einem Szenario für verantwortungslos herbeigeführten gesellschaftlichen Kollaps.

Die Schuldhaftigkeit dafür liegt nicht in dem System unserer Märkte. Marktsysteme selbst haben keine eigene Ethik. Ihre institutionellen Rahmenbedingungen sichern keine zukunftstragenden Entwicklungen zu. Wenn unsere nachkriegszeitliche Marktwirtschaft das Prädikat *sozial* zunächst verdient hatte, dann aufgrund einer mit dieser Ordnungsvorstellung weitgehend übereinstimmenden gesellschaftlichen Bewusstseinskultur. Gerade hierin haben inzwischen die Brüche stattgefunden. Wir sehen uns seitdem mit ausgewachsenen Verhaltensmustern konfrontiert, die nicht tragfähig sind. Ihr kulturelles Niveau ist deutlich abgesunken.

Hieraus folgt zweierlei für unseren Bildungsauftrag. Der herkömmliche Ansatz erfordert, diejenigen Kräfte zu stärken, die Beschäftigung und produktive Wachstumskräfte voranbringen. Der zusätzliche Ansatz verlangt, die Prägungen unserer allgemeinen Bildung so auszurichten, dass sich unsere Bürger an zukunftsfähigen gesellschaftlichen Werten diszipliniert orientieren können. Hierzu gehört auch die Sinnhaftigkeit des Wirtschaftlichen schlechthin. Hierzu gehört das Verdeutlichen von falschen und irreführenden Vorbildern aus unserem gesamten Lebensumfeld, nicht nur aus der Finanz- und Wirtschaftswelt. Und dazu bedarf es eines Bildungsbewusstseins, das sensibel gegenüber gesellschaftlichen Fehlentwicklungen und absehbaren Krisen angelegt ist.

Keine Aufgabe unserer Zukunft erscheint verantwortungsvoller und zugleich schwieriger als eine solche Bewusstseinsentwicklung. Mit evolutionärem Gedankengut könnte man zwar konstatieren, dass Menschen schlechtweg zu allem fähig sein werden; viele Menschen orientieren sich nicht an Grenzen. Das mag – nicht ausgeschlossen – zu irgendeiner Zeit unserer Geschichte in ein selbsterzeugtes Chaos führen. Aber das ist kein Argument gegen die Verantwortlichkeit, die unser Dasein uns ebenfalls zugeteilt hat. Wir könnten auch folgern: Unsere Verantwortlichkeit gegenüber zukünftiger Lebensfähigkeit überragt unsere menschliche Veranlagung zur Grenzüberschreitung. Unser uns evolutionär vermitteltes Gefühl und Vermögen für Verantwortlichkeit könnte - auch eine Annahme - eine größere Gestaltungskraft bekommen und die unserem Wesen immanenten Kräfte insoweit gebändigt halten. Für unsere Bildungsentwicklung kann es keinen anderen Weg geben, als dieser konstruktiven Zuversicht zu folgen.

2. Unsere Bildung und Sozialstaatlichkeit sind zukunftsunfähige Zwillingskinder

Bildungspolitik und Sozialpolitik entstammen einem gemeinsamen Gedankengut. Sie leben miteinander und nebeneinander; sie ergänzen und sie stützen und nähren einander; sie sind mittlerweile zu ausgewachsenen unselbständigen Wesen herangezogen, die nur noch miteinander auskommen. Sie brauchen ihre gegenseitige Beihilfe, wobei keiner von ihnen den Status von eigenverantwortlicher Lebenstüchtigkeit auch nur annähernd erreicht hat.

Unsere Bildungspolitik und unsere Sozialpolitik kommen aus dem gleichen Elternhaus. Ihre Entwicklung wurde - wie in Elternhäusern üblich - von dem darin gepflegten wohlfahrtstaatlichen Denken geprägt. Sie haben sich in ihrem Aufwuchs - so unfähig zum losgelösten Fortbestehen, wie sie geblieben sind - an die Hand genommen und nicht mehr losgelassen. Entsprechend vergleichbar ist daher auch ihr hoher Grad von Unreife, was ihre Lebenstüchtigkeit betrifft. Und entsprechend hoch ist die gesellschaftliche Belastung, die aus ihren Entwicklungsdefiziten folgt.

Nur im äußeren Erscheinungsbild dieser Zwillingskinder gibt es Unterschiede. Das Zwillingskind *Sozialstaat* hat sich über die Jahre wie eine Frucht eines Kuckuckseis zu großer Leibesfülle entwickelt, während sein Zwillingspartner *Bildung* notleidend und dürftig in seiner Erscheinung und seinem Leistungsvermögen geblieben ist. Dies alles geschah nicht zufällig. Es geschah in der Obhut einer politischen Elternschaft, die diese zwei Kreaturen wissentlich auf ihren auf Dauer nicht lebensfähigen Werdegang geschickt hat.

Für unser praktisches Verständnis heißt das: Unsere sozialstaatliche Fürsorgebereitschaft schwächt eigenverantwortliches Bildungsbestreben. Sie vernachlässigt in ihrer Tendenz auch eine Bildungskonzeption, die mit dem demonstrativen

Gebot von bürgerlicher Eigeninitiative und Eigenleistung aus einer solchen Schwächung herausführt. Die daraus erwachsenden Bildungsdefizite rufen ihrerseits wieder erneute und andauernde staatliche Fürsorge auf den Plan. Denn sie bedeuten nicht nur Bedürftigkeit, sondern einen gesellschaftlichen Entzug von Kräften für Beschäftigung und produktive Leistungen.

Zahlen spiegeln das deutlich wieder. Unser Sozialsystem belastet den deutschen Bundeshaushalt mit rund 700 Milliarden Euro; das ist mit rund 56 Prozent mehr als die Hälfte sämtlicher Staatsausgaben. Pro Kopf unserer Bevölkerung gerechnet sind das rund 8.500 Euro jährlich für jeden Bürger ohne Ansehen von Alter, Ausbildung, Einkommen und Vermögen.[10] Der Partei der Linken reichen diese Belastungen nicht aus: Sie reklamierte auf ihrem Parteitag in Cottbus am 25.05.2008 zusätzliche 50 Milliarden Euro für Soziales. – Im Vergleich dazu: Die staatlichen Bildungsausgaben erreichten 2006 lediglich 6,2 Prozent des Bruttoinlandsprodukts.

Sozialbedürfnisse und Bildungsbedürfnisse haben unterschiedliche Motive. Ihre zeitliche Orientierung steht kontrovers zueinander. Sozialstaatliches Denken in Politik und Bevölkerung ist hauptsächlich gegenwartsbezogen. Bildungsanstrengungen sind zukunftsorientiert. Deshalb gedeiht Bildung, vor allem in sozial bedürftigen Gruppen, auch so schwer. Und deshalb braucht das Zwillingskind Bildung auch weitgehende Losgelassenheit von seinem vornehmlich am Gegenwartskomfort interessierten Geschwisterkind. Motivation und Antriebskraft brauchen Losgelassenheit.

Dass eine solche Losgelassenheit in Deutschland einen größeren Spielraum braucht, reflektieren auch die folgenden Zahlen: „Jeder zehnte Einwohner war 2006 auf existenzsichernde Zahlungen angewiesen. Insgesamt bezogen 8,2 Millionen Menschen Transferleistungen vom Staat. Hiervon entfielen 7,3 Millionen auf Hartz-IV-Empfänger und von diesen galten 73 Prozent bzw. rund 5,3 Millionen als erwerbsfähig".[11]

Soziale Abhängigkeit von gesunden erwachsenen Menschen lässt kaum Selbstverantwortlichkeit zu.

„Der Sozialstaat ist (auch) kein Ort ethischer Exzellenz, er erzieht nicht zur Moral. Seine Anreizsysteme begünstigen den Egoismus nicht minder als der Markt ... Nur müssen die Menschen in ihm nicht das disziplinierende Selbstverantwortungspensum ableisten, das der Markt jedem abverlangt ... Der Sozialstaat betreibt die Abschaffung der Selbständigkeit ..." Deshalb kommt es darauf an, den Sozialstaat auf „ein System bedürfnisorientierter Grundversorgung zu reduzieren ... Mehr als ein residualer Sozialstaat wird der Sozialstaat der Zukunft nicht sein können ... Maßlosigkeit birgt in sich die Gefahr der Selbstzerstörung".[12]

Heute sind wir weit entfernt von einem zukunftstauglichen sozialstaatlichen Rückzug. Das belegen unter anderem die erklärten Absichten zum Mindestlohn[13] und zum Bürgerlohn[14]. Wir unterlaufen damit die nötigen Kräfte für Flexibilität und Eigenverantwortlichkeit.

„Lenkung des sozialen Geschehens ist einer der charakteristischsten Züge unserer Generation".[15]

Eine Fortsetzung werden wir weder dauerhaft finanzieren können noch eröffnen wir damit absehbare Aussichten auf unser gesellschaftliches Fortbestehen auf bisherigem Wohlstandsniveau.

Keine Partei Deutschlands war in den Nachkriegsjahrzehnten eine *Partei der Bildung*. Die SPD wollte eine *Partei der Sozialen Gerechtigkeit* sein. Aber auch in diesem Bekenntnis kam ein nachdrückliches Eintreten für zukunftsgerichtete Bildung nicht vor.

Unsere Gesellschaft wird nicht zukunftsfähig werden, wenn sie ihr geschwisterlich verbundenes Verhältnis von Sozialpolitik und Bildungspolitik nicht entkoppelt. Dafür braucht sie ein neues Leitbild. Die Freiheit allein kann kein solches Leitbild sein, wenngleich sie in unserem Wertesystem unabdingbar ist und bleiben muss.

Was ist das Ziel einer Politik der Freiheit? „Die größten Lebenschancen der größten Zahl" – lautet die Antwort von Ralf Dahrendorf.

Und „ …irgendjemand muss den Ton dafür angeben. Das (aber) ist in Deutschland ein schockierender Gedanke".[16]

Unsere Zukunft erscheint in dieser Konstellation offen und schwer vorhersehbar. Wenn wir nicht zu korrigierten Leitbildern mit Konzentrierung auf größere Leistungsstärke aus dem Bildungswesen heraus gelangen, werden die auf uns einwirkenden Belastungen von außen (aus der ersten Front) zunehmend unbeherrschbarer.

Noch haben sich – zum Beispiel – breit verteilte bildungsferne Gruppierungen unserer Bevölkerung nicht den Fatalismus abgewöhnt, ihr Schicksal ohne eigene Anstrengung ihrer Gesellschaft zu überlassen.

„Sie schreiben ihre Situation externen Ursachen zu und glauben, selbst in dritter Generation, dass der Staat für sie zuständig sei … Es geht um elementare Verhaltensweisen, die nicht mehr garantiert sind".[17]

Bedarf es für eine Eingrenzung unserer Zukunftserwartung noch eines Hinweises auf den absehbaren Fachkräftemangel in Deutschland, der aus unserer *sozialstaatlichen Bildungsklemme* resultiert? Prognosen, die bis 2030 reichen, sprechen von einer voraussichtlichen Ausweitung unbesetzbarer Arbeitsplätze bis auf eine Dreiviertelmillion in Berufen von Mathematik, Technik und Naturwissenschaften; bei Krankenpflegern werden 200.000 angenommen.[18] Die Einbuße an möglicher Wertschöpfung summiert sich daraus auf viele Milliarden Euro.

3. Bildungspolitik braucht einen lebensnahen und ideologiefreien Umgang mit Chancen, Leistung und Gerechtigkeit

Eine zukunftsstarke Bildungspolitik muss sich an drei Kriterien messen lassen: Sie hat Bildungschancen zu öffnen und zu fördern; sie hat den Leistungsgedanken zu respektieren und zur Geltung zu bringen; und sie hat sich ihren Bürgern darin als gerecht zu präsentieren. Das bedeutet auch eine klare Positionierung zu den Fragen von Gleichheit und Ungleichheit.

Einen politischen Lichtblick lieferte hierzu Bundesfinanzminister Peer Steinbrück mit seiner Rede auf dem Neujahrsempfang der Industrie- und Handelskammer Frankfurt Anfang 2006:

„...Wichtigste Aufgabe des Staates ist es, jedem Bürger zu ermöglichen, ein selbstbestimmtes Leben zu führen, seine Fähigkeiten zu entfalten und seine Existenz aus eigener Kraft zu sichern ... Der Schlüssel dazu sind Bildung und Qualifizierung in ihrer ganzen Palette ... Damit wird Chancengerechtigkeit – und nicht Ergebnisgleichheit – zum Grundprinzip eines modernen Sozialstaates ... Mit Chancengerechtigkeit sind die Fliehkräfte in unserer Gesellschaft zu bändigen, die ihren Zusammenhalt und ihre Solidarität gefährden."[19]

In dieser verkürzten, aber recht konstruktiven Formel liegen gute Ansätze. Sie sind aber bei weitem noch kein Allgemeingut in unserem Denken geworden. Verlässlichkeit zeigen sie noch nicht. Das zeigt die nach wie vor uneinheitliche und vielfach strittige politische Diskussion und das zeigen auch jüngere und jüngste Schulkonzeptionen in Berlin und in Hamburg (sechsjährige gemeinsame Grundschule). Es fehlt weniger an qualifizierten Äußerungen zu dem gebotenen Datenkranz einer lebensstarken Bildungsstruktur als an einer insgesamt schlüssigen und einvernehmlichen Ausrichtung mit allen nötigen Konsequenzen.

1. *Chancengerechtigkeit bedeutet nicht Ergebnisgleichheit* (Steinbrück) sollte ein Elementarsatz unserer Bildungspolitik sein. Dietrich Schwanitz bekundete das bereits im Jahr 1999 in seinem Standardwerk über die Bildung.

Das Öffnen und Fördern von Bildungschancen ist herkunftsgerecht zu gestalten. Dies ist hauptsächlich eine Frage der Startbedingungen. Hierfür hat der Staat seine Bringschuld zu erfüllen.

„Es geht dabei um die Förderung aller je nach ihren mitgebrachten Fähigkeiten. Manche brauchen ersichtlich besondere Förderung."[20]

Kindergärten sind stärker auf Bildung als auf Betreuung auszurichten. Und insbesondere sind bildungsferne Gruppen für schulische Beteiligung und darüber hinaus zum Besuch weiterführender Bildungseinrichtungen zu motivieren.[21]

Der Leitgedanke der Chancengerechtigkeit hat sich auf die *Ausgangschancen* zu konzentrieren. Er betrifft keine Gleichheit in den Zielchancen.

„Was man (bestenfalls) erreichen kann, ist die Homogenität im Anfang. Aber die Differenz am Ende der Bildung, der Erziehung, die kann kein Mensch abschaffen. Schule ist ein System der Erzeugung von Differenz und nicht von Gleichheit ...". Der Anspruch kollektiver Egalisierung, der sich in den 60er Jahren auszubreiten begann, wurzelte in der Ideologie des „kollektiven Aufstiegs und der Beseitigung gesellschaftlicher Ungleichheit durch Bildung ... Es ist eine Illusion zu glauben, dass man über das Bildungssystem strukturelle Unterschiede nennenswert oder gar komplett ausgleichen kann ... Die Beseitigung der Ungleichheit durch Bildung ist ein kollektives Mißverständnis."[17]

Aber es gilt auch umgekehrt: „ ... dass Bildungsprozesse nur funktionieren, wenn die Bildung milieuspezifisch verankert und geachtet ist ... Man darf kein Bildungssystem installieren, in dem man die Eltern dafür bestraft, dass sie an die Bildungskarriere ihrer Kinder denken ... Insofern hat niemand der Gleichheit mehr geschadet als etwa Gesamtschulen, die den Wert ihrer Abschlüsse ruiniert haben".[17]

Bildungschancen werden immer auch herkunftsbezogen sein. „Es kann schlechthin nicht gelingen, Schülerleistungen von der sozialen Herkunft zu entkoppeln". Jedoch gilt ebenso: Die soziale Herkunft ist keine Ankündigung von vorgegebenen beziehungsweise begrenzten Bildungsgängen. „Mehr als zwei Drittel der Begabung wird durch Erbfaktoren bestimmt". Und viele Bildungsentwicklungen belegen die Möglichkeit, auch aus schwierigeren sozialen Verhältnissen auf Bildungswegen voranzukommen. Udo Di Fabio wird hierzu in seinen eigenen Worten zitiert: „Wer der Meinung ist, alles, was er wolle, lasse sich erreichen, der wird auch fast alles erreichen können".[21] Sein Lebenslauf bis zum Richter am deutschen Bundesverfassungsgericht ist ein motivierendes Beispiel.

2. Egalitäre Schulsysteme führen zu einer Senkung der Ansprüche.

Josef Kraus schreibt dazu:

„Die öffentliche Schule (der Zukunft) hat die Aufgabe, freie Entfaltung zu ermöglichen und Unterschiedlichkeit zu schützen. Das wiederum birgt das Risiko des Scheiterns, denn Chancen sind Chancen ... Deshalb gibt es keine gerechte Alternative zu einem human ausgestalteten Leistungsprinzip. Wer in der Schule das Leistungsprinzip untergräbt, setzt zugleich eines der revolutionären demokratischen Prinzipien außer Kraft. Freie Gesellschaften haben an die Stelle von Geldbeutel, Geburtsadel und Gesinnung das Kriterium der Leistung gesetzt ... Verschiedenheit ist insofern keine Ungerechtigkeit. Vielmehr ist nichts so ungerecht wie die gleiche Behandlung Ungleicher. Zudem bremst Gleichmacherei in Erziehung und Bildung den Leistungswillen und die Eigeninitiative".[21]

Hieraus können Maßstäbe für Sozialpolitik und Bildungspolitik abgeleitet werden.

„Menschen müssen in die Selbstverantwortung geführt werden. Und deshalb bedarf es in Zukunft einer leistungsgerechten Sozialpolitik."[22]

Sie hat den Vorrang des Strebens nach beruflicher Befähigung und Lebenstüchtigkeit vor der Idee von sozialer Absicherung anzuerkennen und zu bestärken.

„Erst die drei Kategorien des Förderns, des Forderns und der Anerkennung führen zu einer Gesellschaft, die von sich sagen kann, in ihr gelte soziale Gerechtigkeit".[22]

Grundlegende Ausführungen macht hierzu der Tübinger Philosoph Otfried Höffe: Es gebieten sowohl die Gerechtigkeit als auch das sozialethische Prinzip der Subsidiarität, dass jeder seinen Lebensunterhalt zunächst selber zu verdienen sucht und dass nur im Notfall das Gemeinwesen für ihn einspringt. Die Teilhabe an den Ergebnissen bedarf auch einer Teilnahme an ihrer Erstellung. Und erst die Selbstverantwortung eröffnet dem Bürger Chancen zu seiner Selbstverwirklichung, die insbesondere die Erwerbsarbeit bietet.[14]

3. Der im Mai 2008 vom deutschen Bundesministerium für Arbeit und Soziales vorgelegte *Armutsbericht* ist ein Ausdruck für Denkrichtungen, die eher alten klassischen Vorstellungen zugehörig sind. Der Bericht konstatiert im Wesentlichen:

Jeder achte Deutsche lebt an der Grenze zur Armut ... Und *arm* ist, wer als Alleinlebender weniger als 60 Prozent des mittleren Einkommens verdient. Das sind derzeit ... 781 Euro netto monatlich. Denen gegenüber steht die *Gruppe der Reichen,* die oberhalb von 3.418 Euro netto monatlich angesiedelt sind.[23]

Hieraus spricht ein Klassendenken aus Vorzeiten. Seine Polarisierung ist unfruchtbar. Ein tieferer Sinn wird dadurch nicht aufgezeigt. Abgesehen davon, dass diese Einteilung nach Einkommensgruppen willkürlich ist: Der Bericht erklärt nicht. Er spricht die zugrunde liegenden Verhältnisse von Bildung und Verhalten nicht an; hiervon lenkt er die Öffentlichkeit ab. Er motiviert auch nicht, sondern er stigmatisiert und diskriminiert. Er ist dazu geeignet, den emotionalen Zusammenhalt in unserer Gesellschaft zu schädigen.

Mit Armut im herkömmlichen Sinne hat die im Armutsbericht titulierte Armut nicht sonderlich etwas zu tun. Sie ist keine Folge aus begrenzten gesellschaftlichen Möglichkeiten, sondern ein Ergebnis, das überwiegend bildungs- und verhaltensgeprägt ist. Auch mit Menschenwürde und Anerkennung hat dieser Armutsbericht in seinem Grundtenor nicht viel zu tun. Warum bedient sich unsere Politik nicht einer ausdrücklichen Unterscheidung in Leistungsschwächere und Leistungsstärkere? Warum erläutert sie den sozialen Gedanken von Ungleichheit nicht anhand des Leistungsgedankens im Zusammenhang mit den Zwangsläufigkeiten, die sich aus gesellschaftlich zu verantwortenden Bildungsunterschieden ergeben?

Denkschablonen gewährleisten in der Regel keinen gesellschaftlichen Fortschritt. Bildungspolitik und Sozialpolitik brauchen eine neue Dimension von Differenzierung, nicht nur in ihrer Ausrichtung, sondern auch in ihrer Sprache. Es ist populistisch und klassenkämpferisch, wenn der Fraktionsvorsitzende der Linken, Oskar Lafontaine, bei Vorlage des Armutsberichts äußert: „Die Schere zwischen Arm und Reich ist eine Schande für Deutschland".[23] Die Hauptcausa, der Bildungsmangel, ist damit offensichtlich nicht gemeint.

4. Bildungspolitik und Sozialpolitik haben sich an Grundsätzen von Gerechtigkeit messen zu lassen. Fragen der Gerechtigkeit sind nie singulär; sie sind immer komplex. Ihre Antworten, die sie bekommen, prägen entscheidend jedes gesellschaftliche Leben und dessen Entwicklung. Bei ihnen verhält es sich wie bei der komplizierten Technologie. Ihre Phänomene werden von den Bürgern normalerweise nicht übereinstimmend verstanden. Dann treten stets auch Interessengruppen hinzu, die jede in guter Absicht und Abwägung vorgetragene Einschätzung von Gerechtigkeit auf ihre eigene Weise auslegen, und das bringt dann die oft erlebten Abweichungen und auch demonstrativen Ablehnungen hervor.

Deshalb nützen auch die profiliertesten Empfehlungen der Sozial- und Kulturphilosophie sehr oft nicht, wenn es um gesellschaftspolitisch entscheidende Wegweisungen geht. Wiederholt erscheinen sie wie eine brillante Sternschnuppe am Himmel und verglühen dann ohne merkliche Nachwirkung in unserem Firmament. Aber sie melden sich trotzdem zu Wort. Und je souveräner ein politischer Apparat ist, je aufmerksamer wird er ihnen – zumindest stillschweigend – zuhören.

Ich lasse offen, wie es in unserem Lande mit einer solchen Aufnahme von Gerechtigkeitsvorstellungen, die zukunftstragend sind, bestellt sein wird. Unserer Bildungspolitik und Sozialpolitik wird auf jeden Fall wiederholt die Frage gestellt werden: *Wie hältst du es mit der Gleichheit und mit der Ungleichheit?* Hierzu erscheint folgendes wesentlich:

Die Antwort kann nicht Ablehnung von Ungleichheit und nicht Bevorzugung von Gleichheit heißen. Sie muss aber bedenken, wieviel Ungleichheit als gesellschaftlich tragbar und wie viel als nicht tragbar gelten kann. Wo sind Begrenzungen für hinzunehmende Ungleichheiten zu ziehen und gesellschaftspolitisch entsprechend zu respektieren?

Ungleichheit ist immer ein biologisches *und* ein gesellschaftliches Erzeugnis. „Die conditio humana kennt keine Gleichheit".[21] Ebenso gilt:

„Eine Gesellschaft, die auf dem Prinzip individueller Freiheit gegründet ist, wird immer Ungleichheit hervorbringen, weil das in der Idee des freien Individuums so angelegt ist ... und man sollte hierzu auch wissen und respektieren, dass in der freien Gesellschaft der Reiche nicht automatisch reich und der Arme nicht zu ewiger Armut verurteilt bleibt".[20] Wir bleiben also, wie Hermann Lübbe ausführt, „...auf eine Kultur öffentlicher Anerkennung politisch schlechterdings indisponibler Ungleichheit angewiesen."[24]

Jede Gesellschaft muss darüber wachen, ob sie Ungleichheit durch fehlerhafte Handhabung selbst erzeugt oder soweit wie zuträglich begrenzt hält. In den vergangenen Jahrzehnten hat unser Staat beträchtliche Ausmaße von Ungleichheit selbst verantwortet, – durch Vernachlässigung von Bildung in Kindergärten und Schulen und durch Begünstigung angehender Hochschulabsolventen, denen er rentable Bildungsinvestitionen schenkte.[25]

Es gibt eine Grenzziehung für das zuträgliche Maß an Ungleichheit schlechthin: die Bewahrung des innergesellschaftlichen Friedens. Unklar ist, wie weit wir heute von dieser Linie entfernt sind. Eine Annäherung an sie darf nicht geschehen. Schon deshalb liegt eine Hauptaufgabe unseres Staates darin: eine Kultur des sozialen Aufstiegs zu schaffen, in der Anstrengung und Leistung gefördert und in der Abhängigkeit von der sozialen Herkunft gemindert werden.[26] Und „nur Bildung hält diese Mechanismen des sozialen Auf- und Abstiegs offen …".[27]

Das bedeutet vordringliche bildungspolitische Neuausrichtung auch im Sinne von Ralf Dahrendorf: „Keine Gesellschaft kann es sich leisten, zehn Prozent von ihren Chancen auszuschließen, ohne moralisch Schaden zu nehmen … Die Unterschicht ist eine moralische Anklage der anderen, die es mehr oder weniger geschafft haben: ein sozialer Konflikt ohne Klassen".[28] Nur: „Arbeit als Zwangsmaßnahme löst die Frage der haltlosen jungen Männer nicht".[29] Aber trotzdem ist eine Lösung nötig. „Die tätige Freiheit … bleibt die oberste Maxime".[30]

Wer in diesem Zusammenhang Globalisierung und technischen Fortschritt will, muss auch die darin wirkenden Eigengesetzlichkeiten nehmen, wie sie sind. Das hat gravierende Folgen in Bezug auf die Frage nach unseren innergesellschaftlichen Ungleichheiten:

Wir müssen erwarten, dass sich der Abstand im Bildungsniveau der beruflich Qualifizierten gegenüber den Wenig-Qualifizierten immer mehr vergrößert. Die Gräben zwischen den entsprechenden Einkommensbezügen aus Beschäftigung werden sich aller Voraussicht nach deshalb in ihrer Tendenz vertiefen. Der globale Kostendruck wird diesen Prozess fördern. Und die weniger Qualifizierten werden es zunehmend schwerer haben, existentiell absichernde lokale Arbeitsplätze überhaupt anvertraut zu bekommen. Geringe oder keine berufliche Qualifikation wird in Zukunft sowohl für die betreffenden Erwerbsfähigen als auch für unsere Gesellschaft insgesamt zu einem Problem, das sich progressiv auswächst.

Wie unsere Gesellschaft mit einer daraus entstehenden Vergrößerung von sozialer Spannung gegebenenfalls umgehen wird, ist offen. Umso dringlicher ist die Neuausrichtung ihres Bildungswesens: breite Anhebung des Bildungsniveaus und qualifizierende Vertiefung mit möglichst hoher Beteiligung! Ob wir damit, wie Peer Steinbrück 2006 anmahnte, „die Fliehkräfte in unserer Gesellschaft, die ihren Zusammenhalt und ihre Solidarität gefährden"[19], tatsächlich werden bändigen können, muss offen bleiben.

4. Integration bedarf zweierlei: Bildung und Beschäftigung

Chancen öffnen, Leistung respektieren und soziale Gerechtigkeit üben sind Wegweisungen, aber keine handfesten Ziele und schon gar nicht Instrumente. Am konkreten Handlungsbedarf ist das am besten ablesbar: Es geht um die Integration von jungen und auch bereits von erwachsenen Menschen, die bildungsarm oder antriebsarm ohne besondere Aussichten auf Beschäftigung sind. Das Problem unzureichender Integration ist nicht nur ein Problem unzureichender Bildung, sondern auch ein Problem unzureichender Teilhabe an Beschäftigung. Für beide Problemfelder sind Lösungen nötig. Soweit sie nicht im Verbund miteinander behandelt werden können, bietet sich an, ihnen politisch auf getrennten Wegen nachzugehen.

Es ist üblich geworden, Integration nur auf Zuwandererfamilien zu beziehen. Das ist zu eng. Integrationsbedarf wird auch in Familien deutscher Herkunft erzeugt. Allerdings betrifft die Integration von Zuwandererfamilien eine bei weitem größere Bevölkerungszahl: „In industriegeprägten Regionen Deutschlands entstammt jeder Zweite unter 25 Jahren einer Zuwandererfamilie".[31]

Von besonderem Zukunftswert ist der *Nationale Integrationsplan*, in dem sich Bund und Länder 2007 auf gemeinsame Ziele und Maßnahmen festgelegt haben. Der eigentliche *Handlungsrahmen für Integration* hätte aber vollständiger und entschlossener gefasst werden müssen, etwa in der folgenden Weise:

- Schüler verlassen ihre Schule nicht ohne ausreichende Grundfähigkeiten;
- Schülern werden während ihrer Schulzeit gesellschaftsfähige Umgangsformen vermittelt;
- Eltern werden mit ihren Pflichten zur Bildungsförderung ihrer Kinder unausweichlich konfrontiert;
- Jugendlichen und jüngeren Erwachsenen ohne Schulabschluss und ohne berufliche Befähigung werden zeitlich begrenzte Nachbildungsprogramme vermittelt;
- Jugendliche und jüngere Erwachsene ohne Befähigung für Aufgaben innerhalb des ersten Arbeitsmarktes erhalten Vermittlung in staatlich getragene oder geförderte Arbeitsfelder.

Jugendliche folgen normalerweise einer allgemeinen Wehrpflicht oder dem Zivildienst. Auch weitergehende Pflichten erscheinen nicht unzumutbar, in vielen Fällen vielmehr als sehr hilfreich. Eine solche Ausrichtung hätte die natürliche Lebenserfahrung auf ihrer Seite: „Die für den Menschen unverzichtbare Anerkennung hängt in hohem Maße von seiner Berufs- und Arbeitswelt ab".[14] Nützliche Erwerbstätigkeit ist sinngebend und erfüllend, heißt ein Lehrsatz der Sozialethik. Das gilt nicht minder auch für Migrantenfamilien. Im Allgemeinen vermittelt erst die Beteiligung an gesellschaftlich anerkannter Beschäftigung das Gefühl von Zugehörigkeit. Und „tätig sein ist des Menschen erste Bestimmung" (Goethe).

Welchen Rückstand hat unsere Bildungspolitik in diesem Sinne aufzuholen! Eine bittere Wahrheit über integrationsbedürftige bildungsferne Jugendliche legte das Institut für Demoskopie in Allensbach offen:

„Mehr als 91 Prozent der befragten 250 Arbeitgeber bezeichneten die Chancen junger Menschen, ohne oder mit einem schwachen Hauptschulabschluss einen Ausbildungs- oder Arbeitsplatz zu bekommen, als schlecht bis sehr schlecht. Unzuverlässigkeit und Unpünktlichkeit sowie fehlendes Bewusstsein für Regeln und Anstrengung spielten dabei eine besondere Rolle..."[32]

Hieraus wird wiederholt erkennbar, in welche bildungspolitischen Sackgassen wir geraten sind. „Die jungen Menschen richten sich in Maßnahmenkarrieren ein, retten sich von einer öffentlich geförderten Weiterbildung in die nächste, finden aber nie den Zugang zum ersten Arbeitsmarkt". Engagiert hat sich die Eberhard-von-Kuenheim-Stiftung in Bayern mit ihrem *Projekt Joblinge* die Aufgabe gestellt, Jugendlichen zwischen 15 und 25 Jahren maßgeschneiderten Rat und Chance zu geben, um sogenannte Versagerkarrieren in Jobkompetenz verwandeln zu helfen. Sie fragt sich zum Beispiel: Braucht man zum Schließen von Glaskartons eine fundierte Ausbildung? Benötigt das Altenheim eine Fachkraft, um Tee einzuschenken? Kann nicht ein Ungelernter an der Tankstelle Wischerblätter wechseln? – Zu bedauern ist die dabei immer wieder gemachte Erfahrung, dass die betreffenden jungen Menschen die ihnen gebotene Chance oft einfach wegwerfen und wegbleiben.[32]

Bildungsmangel und Beschäftigungslosigkeit sind die explosiven Fliehkräfte unserer Gesellschaft. Sie verhindern Integration und Beteiligung. Sie sind bestimmt für sich grenzenlos auswachsende Zerstörungen durch Drogen, Gewalt und Kriminalität. Alle politischen Warnleuchten gehörten diesbezüglich auf Rot gestellt. Es ist absehbar, dass diese fehlgesteuerten Prozesse nicht lange beherrschbar bleiben und aus ihrer Quantität in zerstörende Qualität umschlagen können.

Die Integrationsphilosophie unserer Zukunft lautet zusammengefasst: Integration muss in Beschäftigung münden. Erst hier hat sie ihre Erfüllung, ihre Vollendung. Bildung ist dafür das wichtigste Instrument. Aber auch ohne Bildung gilt Beschäftigung als das oberste sozialethische Prinzip. Dieses hat das Bemühen von Staat und Bürgerwelt zu leiten. Das bedeutet ganz schlicht: *Hilfestellung und dauerhaft erfolgbringende Vermittlung in Beschäftigung.*

Es ist nicht erkennbar, dass es einen geeigneteren Weg gibt, um die bereits seit Jahren anwachsenden bildungsarmen Bevölkerungsgruppen zu integrieren. So nahe liegend ein solcher Weg ist, so offen bleibt aber, ob die gesellschaftspolitische Kraft in Deutschland ausreicht, einen solchen hilfreich zu beschreiten.

5. Nur eine auf Transparenz und Offenheit eingestimmte Bildungspolitik kann zukunftsgerecht sein

Die Vernachlässigung unseres Bildungswesens ist ein Erzeugnis von jahrzehntelanger Verschleierung. Lebensfähige Strukturen lassen sich damit nicht schaffen. „Wir haben verlernt, die Dinge beim Namen zu nennen und unmissverständlich auszudrücken".[33] Von nahe gelegten bürgerlichen Pflichten haben wir selten etwas vernommen. Auch nicht von einem genauer bezeichneten Minimum an gesellschaftlich obligatorischen Werten. Der Innbegriff der *political correctness*, den kein normaler Bürger begreift, beherrscht bislang unsere politische Kultur.

Was sich ein lebensfähiges Wirtschaftsunternehmen nicht leisten kann – eine Vakanz an erklärten und gelebten Leitbildern – ist im politischen Bereich gang und gäbe. Wie will ein Land eine Debatte über die Zukunft seiner Gesellschaft führen, wenn politische Korrektheit dabei ihre Verhaltenslinie bleibt?

Im Geschäftsbericht der Bosch-Gruppe aus dem Jahre 2007 lesen wir beispielhaft:

„Unsere Bosch-Werte leiten unser Handeln und fördern den einzigartigen Zusammenhalt in unserem Unternehmen. Sie sind das Fundament, auf dem unsere Erfolge und auf das wir unsere Zukunft bauen, nämlich: Verantwortlichkeit, Zukunftsorientierung, Initiative und Konsequenz, Zuverlässigkeit, Glaubwürdigkeit und Legalität sowie kulturelle Vielfalt."[34]

Ohne Transparenz und ohne Offenheit lassen sich keine Bildungsziele formulieren geschweige denn ernsthaft anstreben. Die Furcht vor unbequemen Befunden und Zielsetzungen ist eine schwere Hypothek. Sie verhindert klare Bekenntnisse und klare Weichenstellungen. Und sie unterlässt die ungefärbte Unterrichtung der Öffentlichkeit über die tatsächlichen Bildungsverhältnisse.

Es kommen in unserem öffentlichen Leben politisch gewollte oder gebilligte Verdecktheiten nur gelegentlich ans Licht. Wir erfahren zum Beispiel nicht, wie groß das in unserer Gesellschaft ruhende *Humanvermögen* hinsichtlich Umfang und Wertigkeit und in Gegenüberstellung mit anderen volkswirtschaftlichen

Vermögenswerten ist. Der gesamte Bereich unserer Bildung – die Betreuung und Erziehung von Kindern durch ihre Eltern, die Lernaktivitäten der Schüler – fließt bisher nicht in unsere gesamtwirtschaftliche Vermögensrechnung ein, weil Bildung darin nicht als Vermögen, sondern als Konsum gilt.

Damit bleiben wir weit unter unseren informativen Möglichkeiten. Denn es bestehen, wie berichtet wird, Vorarbeiten des Statistischen Bundesamtes für umfassende sozio-ökonomische Gesamtrechnungen, aus denen die Wechselwirkungen mit dem Humanvermögen abgelesen werden könnten. Daraus „ ... ließe sich zum Beispiel auch abschätzen, was von der Einführung eines Bildungssystems des lebenslangen Lernens für die Bewältigung der Zukunft zu erwarten ist". – Es fehlt, wie es hierzu in einem wissenschaftlichen Bericht darüber aus dem Jahre 2007 heißt, an der nötigen Bereitschaft der dafür zuständigen Bundesministerien, diese Möglichkeiten aufzugreifen.[35]

Nur ein klares und begründetes Bekenntnis schafft Vorsorge. Hier liegt unser wohl größtes Defizit im Politischen. Eine vorbildliche bildungspolitische Intention könnte lauten:

„Bildung muss mehr sein als Vorbereitung zur Berufstätigkeit; sie ist Einstellung auf ein komplexes Leben mit langen Phasen der Selbstverantwortung".[29] Es geht nicht nur darum, den ökonomischen Marktbedürfnissen Rechnung zu tragen. „Hinzukommen müssen moralische, kulturelle Orientierungen jenseits von Angebot und Nachfrage. Dieser sogenannte Marktrand hat die Aufgabe, Integration, Solidarität und Versittlichung zu gewährleisten."[36]

Manchmal ist es lebensförderlich, über den Grenzzaun des Täglichen in Religionen hineinzusehen: *What would Jesus do?* steht eingraviert in millionenfach in den USA getragenen Armbändern.

6. Korrespondieren die Probleme unserer Bildung mit der Qualifikation oder nur mit den Wesenszügen unserer politisch Verantwortlichen?

Lebensprobleme von Gesellschaften brauchen nach aller Erfahrung Situationen von Not und Belastung, um sie von Grund auf abwehren zu können. Beklemmend ist, dass unsere Bildungsprobleme seit längerem auf der Hand liegen und trotzdem vernachlässigt worden sind. Sie sind auch deswegen kein gutes Vorzeichen, weil sie ein gleichermaßen bedenkliches Licht auch auf andere Erscheinungen werfen, zu denen wir rechtzeitige politische Handlungsfähigkeit hätten erwarten dürfen.

Sind uns – zum Beispiel – die Probleme des ungesicherten Energieangebots in ihren Zukunftsperspektiven öffentlich vertraut gemacht? Ist unsere Bevölkerung in Deutschland darüber aufgeklärt, welche Konsequenzen und welche Verwundbarkeit unseres Lebenswohlstands aus den Wirkungskräften der Globalisierung folgen können? Und darüber, dass wir auch in dichteren zeitlichen Intervallen zu unliebsamen Einschränkungen unseres gehobenen Standards gezwungen sein könnten?

Unsere Gesellschaft, namentlich unser politischer Bereich, muss sich fragen: Sind wir genügend qualifiziert vertreten, um unsere Zukunftsprobleme verstehen und angemessen darauf reagieren zu können, wenn wir es so wollen? Sind wir dazu gegebenenfalls auch uneingeschränkt bereit? – Die Zukunft wird das erweisen.

Alle gegenwärtigen Bedenken resultieren aus Gegebenheiten und Verlautbarungen, die uns gegenüberstehen. So ist zu vernehmen: „Nicht die zentralen Werte, die ein Spitzenpolitiker besitzen sollte – realistische Situationsanalyse, klare Zielvorstellungen, – sondern die peripheren Eigenschaften – joviales Auftreten, gelassene Sprechweise, entspannte Mimik, kontrollierte Gestik, Schlagfertigkeit – entscheiden ... Es ist ein Abschied vom rationalen Wähler, es sind Wahlentscheidungen innerhalb des Fernsehens. Und ... wichtiger als die Sicherung der Zukunft erscheint die Verteidigung des eigenen Besitzstandes".[37]

Bedarf es in Zukunft der Einführung einer *persönlichen Rechenschaftspflicht*, der sich politisch Verantwortliche auch nach Beendigung ihres Mandats stellen sollten? Bedarf es einer breiter angelegten beruflichen Herkunft unserer Bundestagsabgeordneten, um sicherzustellen, dass sie ihren Aufgaben professioneller gewachsen sind? – Es ist kein Geheimnis, dass sich unsere Bundespolitiker über die Hälfte aus Angestellten des öffentlichen Dienstes, aus Beamten, Lehrern sowie Partei- und Gewerkschaftsfunktionären rekrutieren.

Die Auseinandersetzung mit den Schwächen eines Staates ist geschichtlich keineswegs neu. Die Romantiker gaben uns ein noch heute geradezu lebendiges Beispiel dafür. So hinterließ uns Johann Gottlieb Fichte im 18. Jahrhundert schlicht, aber eindringlich: „Die Nation kann durch ein schlechtes politisches System degenerieren." Eher bedrückend erfuhren wir von Novalis:

„Es ist unmöglich, dass weltliche Kräfte sich selbst ins Gleichgewicht setzen ... Und die Eigensucht im Menschen kann so stark werden, dass ein Staat, der auf dieser Eigensucht gründet, sich nicht dauerhaft wird halten können". – Ein Schlusszitat von Rüdiger Safranski lautet hierzu: „Die Romantiker haben tiefer in die Abgründe des Menschen geblickt".[38]

7. Die Schlüsselfrage: Schaffen wir uns lebensfähige Strukturen?

Alle Gegebenheiten und vorliegenden Absichten münden in diese Frage. Sie darf weder von Tagesproblemen noch von laufenden Aktionen zugedeckt oder präjudiziert werden. Viele Gegenwartsprobleme, die uns heute belasten, sind das Ergebnis unzureichender Zukunftsorientierung von gestern. Wenn unsere Zukunft lediglich die Fortsetzung von Vergangenheit und Gegenwart ist, wie wir aus zurückliegenden Jahrzehnten erlebt haben, steht es schlecht mit ihr!

Unser Wohlstand zeigt hier seine markanteste Schattenseite. Unsere tägliche Bedürfnislage bestimmt unsere hauptsächlichen Anliegen und ihr wird politisch in aller Regel vorzugsweise entsprochen. Existentiell nötig ist aber, die absehbaren Entwicklungen und Risiken schon heute in strukturellen Konzeptionen vorwegzunehmen, damit wir ihnen möglichst adäquat und ohne Überraschungen vorbereitet begegnen können. Ganz besonders die Bildungspolitik hat hierin ihre Bewährungsprobe.

Dies wird jedoch nicht ohne eine entsprechende politische Zuwendung gelingen. Unsere Politik muss den Bürger für das von ihr bevorzugte gesellschaftliche Zukunftsmodell gewinnen und ihn auf dieser Strecke mitnehmen. Das kann nicht ohne öffentliche Diskussionen stattfinden. Es wird auch Streit darüber geben. Aber dieses Umdenken und Umschalten auf den Vorrang von Zukunftsperspektiven ist existentiell. Es wird auch Streit geben darüber, inwieweit, ob grenzenlos oder begrenzt, der Prozess der Globalisierung für unsere Gesellschaft als ein echter Fortschritt gilt; und auch darüber, welche Konsequenzen uns daraus auferlegt und abverlangt werden. Welches sind die schmerzlichen Anpassungen, die wir werden akzeptieren müssen?

Die Aufbruchländer schenken uns nichts. Ihre Entwicklungsschübe gehören mit in die Aufklärung an unseren Schulen. Weiß jeder deutsche Realschüler, dass China die USA in der College-Ausbildung und in den Ingenieurwissenschaften zahlenmäßig bereits weit überholt hat? Ist ihm die chinesische Aufbruchmentalität bewusst gemacht worden, von der auch er sich beflügeln lassen könnte? Für viele Chinesen beginnt „ ... nach all den langen Jahren der Suche nach einem modernen China die Geschichte der Menschheit erst jetzt".[39]

Zukunftsdenken muss sich in unserem Bewusstsein mehr verankern. Nur soweit wir das erreichen, wird sich unsere Gesellschaft zukunftsfähig verändern. Und wenn wir das erreichen wollen, müssen wir bei unseren Kindern und Jugendlichen damit beginnen. Wir werden dafür einer langjährigen Therapie bedürfen. Und nur „ ... durch Zusammenarbeit lösen Menschen ihre Zukunftsprobleme".[40]

Für das nötige Miteinander können wir uns bereits auf erfreulich viele Vorbilder beziehen. Sie geben das Beispiel des Anstoßes sozusagen *von unten*. Zu Repräsentanten eines bereits über viele Jahre in unsere Öffentlichkeit hineinwirkenden *Engagements für zukunftsorientierte Bildungsarbeit* zählen quer durch Deutschland: Stifterverband für die Deutsche Wissenschaft, Bertelsmann Stiftung, Robert-Bosch-Stiftung, Wirtschaftsjunioren der Industrie- und Handelskammern (FIT für den Job), Lions Club Pforzheim (Deutsche Rechtschreibung, Hochbegabten-Förderung), OBEN AUF (musische Jugendbildung, Calw).

Egoismus und Besitzstandsdenken sind in der Regel keine geeignete Voraussetzung für Zukunftsorientiertheit. Aber wie es scheint, dürfen wir in dieser Hinsicht nicht pessimistisch sein. Unsere Gesellschaft bestehe, ist zu erfahren, nicht überwiegend aus egoistischen Individualisten und Hedonisten – weder in Ostdeutschland noch in Westdeutschland.[41] Nur ist es eine Illusion zu glauben, dass alle Bürger selbstverständlich an einem Strang ziehen. Sie sind ein Volk von unterschiedlichsten Neigungen und Interessen. Deshalb ergeben sich erhebliche Spannungen praktisch zwangsläufig.

Es klingt verheißungsvoll: dass „ ... bessere Bildung ins Zentrum jeder künftigen Politik gehört".[42] Unsere erforderlichen Strukturen warten darauf nicht. Sie werden uns unter Druck setzen, möglicherweise zu spät. Das Handlungsgebot heißt: eine auf die Zukunft ausgerichtete lernende Gesellschaft werden, die den bedürftigen Lebensstrukturen Rechnung trägt! Der gesamte Bildungsbereich hat sich darauf auszurichten. Wir stehen hier insbesondere vor dem Problem, Bildungsverhältnisse zu schaffen, „„...in denen junge wie ältere Menschen heute lernen, was sie vermutlich morgen brauchen werden ... Und in jedem Alter lernen Menschen anders".[43]

Welchen Bildungsfokus braucht die gebotene Ausrichtung?

Wäre es nicht zielführend, diesen Fokus „ ... auf eine neue Art von Intelligenz zu richten? Auf die Fähigkeit, sich einzufühlen, einzudenken und zu beobachten? Auf neue Fähigkeiten, sich in komplexen Verhältnissen von Kognition und Kommunikation zu orientieren und zu navigieren? Intelligenz wäre dann die Kraft, immer neu zu unterscheiden, was Wissen ist und was an Nichtwissen entsteht".[43]

Es bleiben immer Fragen unseres Denkens, mit dem wir reagieren und handeln: dorthin geht unser Weg. Wir erzwingen keine Zukunft. Wir tun dies schon gar nicht mit ehrgeizigen Wachstumsvorstellungen. Und nicht einmal unser Selbstverständnis, mit dem wir wirtschaftlichem Wachstum bisher begegnet sind, erscheint vor unseren weiteren Entwicklungen als gesichert gerechtfertigt.

Vieles haben wir zu konstatieren. Wenn wir wenigstens damit beginnen würden! Unseren Millionen Erwerbsfähigen, bildungsfern aufgewachsen und beschäftigungslos, zur Beschäftigung zu verhelfen! Unserem Trend zu immer größerem Bedarf an qualifiziert Ausgebildeten durch Bildungsförderung so weit wie möglich gerecht zu werden! Und die darüber hinaus trotzdem unaufhaltsam anwachsende Zahl von nachgefragten, aber nicht vorhandenen Fachkräften zur Kenntnis zu nehmen und unser Bewusstsein von Zukunft möglichst mit allem, was dazugehört, daran anzupassen!

Bildung ist nicht in allen Köpfen unserer Bevölkerung sonderlich populär. Das mag sich ändern, vielleicht. Mit der hergebrachten Bildungspolitik verliert unsere Gesellschaft ihre Zukunftschancen.

Bildung zukunftsorientiert popularisieren? Das hieße, unmissverständliche Signale setzen für Ziele und für Programme, einerseits, und die entsprechenden Konsequenzen in allen Institutionen und ihrer personellen Ausstattung und Qualifizierung umzusetzen, andererseits. Eine schwierigere Aufgabe für eine moderne Zivilisation gibt es wohl nicht. Hier liegt der tiefere Kern unseres gesellschaftlichen Bildungsproblems. Denn *Bildung braucht Bildung*: In den Köpfen unseres Staates und in den Köpfen unserer Bürger erfordert die Entwicklung von zukunftsgerichteter Bildung ein ausreichendes Maß an Bildung selbst. Davon sind wir, wie es scheint, heute weit entfernt.

Der gesellschaftspolitische Auftrag definiert sich anschaulich in Gestalt eines *magischen Fünfecks*. Dessen fünf Eckpunkte lauten: Kultur; Leistung; Beschäftigung; Bescheidenheit; Nachhaltigkeit. Dieses sind die fünf Markierungen eines *Bildungssystems der Zukunft*. Hierfür bedarf es eines aufgeklärten und lebendigen gesellschaftlichen Bewusstseins.

VII. Ein vorweggenommener ‚Bildungsgipfel'

Im Oktober 2008 stand ein von Bundeskanzlerin Angela Merkel verkündeter Bildungsgipfel an. Bund und Länder wollten sich über die Zukunft unseres Bildungswesens verständigen. Die vor ihnen liegenden Probleme und Aufgaben sind gewaltig. Was sich seit Jahrzehnten angehäuft hat, kann nicht in einem einzigen Gewaltakt einer befriedigenden Lösung zugeführt werden. Eine Vielzahl von Reformansätzen wäre nötig.

Schon Willy Brandt und Gerhard Schröder hatten sich seinerzeit mit ähnlichem politischen Anspruch erklärt. Wir wissen, dass sie keinen nachhaltigen Erfolg damit hatten. Das hatte auch mit ihrer Zurückhaltung zu tun, Fixpunkte für eine durchgängige Zielkonzeption zu setzen und ihnen dann zügig nachzugehen. Umso gespannter war jetzt die Erwartungshaltung.

In erster Linie geht es um die Ziele für Bildungsqualität. Nicht minder wichtig sind die dafür bestgeeigneten Bildungsbedingungen. Bereitstellbare Budgetmittel, die den bisherigen Umfang erheblich überschreiten dürften, sind nötig. Zudem brauchten alle erforderlichen Anstrengungen hinsichtlich Vorbereitung und Schaffung der nötigen Voraussetzungen viel Vorlaufzeit, ehe sie sich – erst in Jahren – handfest würden auswirken können.

Das wichtigste Gebot dafür wäre ein bundesweiter Konsens über die nötige bildungspolitische Neuausrichtung. Welche Leitideen sollten dem nötigen Bildungsumbau voranstehen? Beschäftigung und wirtschaftliche Leistungsfähigkeit müssten sich als Gewinner einer solchen Ernte darin widerspiegeln können. Auch andere gesellschaftlichen Werte wären zu berücksichtigen: Kultur des Zusammenlebens, Eigenverantwortung, Leistungsanerkennung, Solidarität, Soziales.

Die bis auf diesen Eröffnungstag des Bildungsgipfels vor der Öffentlichkeit ausgebreiteten Präferenzen in Fragen der zukunftsweisenden Bildungspolitik boten keine ausreichende Gewähr für einen nötigen Konsens. Denn sie erschienen in ihrer Gesamtsicht immer noch teils als offen, teils als strittig. Insofern hat sich unser Bildungshorizont nicht aufgeklärt. Einigkeit in unserer demokratischen und auf Wohlstandsniveau lebenden Gesellschaft braucht offensichtlich so etwas wie eine akute Brandgefahr, wie sie die jüngste Finanzkrise erzeugt hat.

Und trotzdem: Ein Anfang zum Besseren ist immer von Wert und war deshalb zu begrüßen, auch wenn er nicht unter den besten Vorzeichen stattfindet. Denn gewisse Früchte wird er vermutlich tragen. Außerdem dürfen wir Menschen in Deutschland Genugtuung darüber empfinden, dass sich trotz der über Jahre angestauten Bildungsprobleme inzwischen dennoch auch einiges Fruchtbringende ergeben hat. Das verdient Respekt.

Den am Bildungsgipfel Beteiligten hätte eine Mahnung ans Herz gelegt werden sollen, die Roman Herzog bereits im Jahr 1997 ausgesprochen hatte: „Wer sich den höchsten Lebensstandard, das beste Sozialsystem und den aufwendigsten Umweltschutz leisten will, der muss auch das beste Bildungssystem haben ... Deswegen müssen wir an die Inhalte unseres Bildungswesens herangehen".[1]

Ob es *das beste Bildungssystem* überhaupt geben kann, mag strittig sein. Unstrittig aber ist, dass es Bedingungen und Ausgestaltungen für *ein gutes Bildungssystem* gibt. Dass wir davon weit entfernt sind, belegen die unter Kapitel IV aufgeführten Realitäten. Der dort zusammengestellte Katalog von Defiziten gehörte in den inhaltlichen Rahmen eines jeden sogenannten Bildungsgipfels. Beispiele:

1. Mit welchen bevorzugten Maßnahmen soll die Bereitschaft von Jugendlichen für schulische Bildung und Ausbildungsfähigkeit gestärkt werden?

    Bisher ist nicht zu erkennen, dass unser Staat zumindest einen „sanften Druck etwa auf Migranteneltern ausübt, damit ihre Kinder das vorhandene Bildungsangebot tatsächlich nutzen". So schlug der Neuköllner Bezirksbürgermeister Heinz Buschkowsky (SPD) vor, Schulschwänzern ... das Kindergeld zu streichen. „Wenn ein Vater merkt, dass ihm 300 Euro fehlen, wenn seine Kinder nicht zur Schule gehen, haben sie das letzte Mal geschwänzt".[2]

    In der Wirklichkeit liegen die Verhaltensprobleme, zu denen auch das Schulschwänzen gehört, oftmals nicht an der Oberfläche, sondern tiefer. Wie will die Schule der Zukunft den Jugendlichen entgegentreten, die in den Sog von Drogen und Gewalttaten geraten sind und deshalb schwänzen? Diese Quote ist relevant hoch. Wie will die Schule diese Jugendlichen wieder auf eine geordnete Bahn bringen helfen? Eine wichtige Frage für einen Bildungsgipfel! Entschiedene Antworten fehlen bisher.

2. Wie will unser Staat sein Verhältnis zur Elternschaft im Rahmen seiner Bildungspolitik gestalten? Mit welcher Förderung? Mit welcher Einforderung von Elternpflichten?

    „Eine gute Bildungspolitik ist zu einem großen Teil eine gute Familienpolitik".[3] Denn sie hat zu konstatieren, dass das familiäre Umfeld für die Entwicklung und Befähigung junger Menschen die wichtigste Basis für ihr weiteres Leben ist.[4]

3. Zu welchen Werten bekennen sich der Staat und seine Bildungspolitik, die sich in Verhalten und Umgangsformen unserer Gesellschaft niederschlagen sollten?

Diese Frage wird politisch kaum konkretisiert. Auch Schulen und Hochschulen fehlt es deshalb an orientierenden Maßstäben. Dieses Defizit spielt in den beruflichen Möglichkeiten unseres Nachwuchses eine oft verschwiegene, wenngleich bedeutsame Rolle. Erfolgreiche Unternehmen gehen deswegen geradezu zwangsläufig dazu über, ihre Nachwuchskräfte in sogenannten *Benimmkursen* auf ihre Aufgaben vorzubereiten.

4. Welchen Anspruch erhebt unsere Bildungspolitik in Zukunft in bezug auf Vorgaben von Lerninhalten? Und wie steht sie zu der zugehörigen Leistungsbemessung von Schülern und Studierenden?

Lerninhalte gehören klar definiert und brauchen übergreifende Geltung. Hierzu gehört nicht nur substanzielles Wissen. Eigenständige Persönlichkeitsentwicklung erfordert auch Qualitäten wie Motivation, Interesse und Fleiß, also Eigenschaften, die auch Unterschiede in Intelligenz und Begabung ausgleichen helfen können.[5]

Diese Frage gehört unbedingt mit in den Kontext von Bildungsqualität. Die Bertelsmann Stiftung benannte auch *gesellschaftliches Engagement* als ein erstrebenswertes Bildungsziel und vergab dafür in 2007 eine besondere Auszeichnung.

Die Lerninhalte der Zukunft sollten an unseren Schulen möglichst breit angelegt sein. Von besonderer Bedeutung sind Themen aus Technik und Wirtschaft. Wo das bereits gekonnt geschieht, ziehen Jugendliche daraus Verständnis und Begeisterung. Ein Beispiel ist der sich in Baden-Württemberg präsentierende technische *Ideenpark 2008 in Stuttgart, ein Forum für Vielfalt und Faszination*, der großen Zulauf erhalten hatte.[6]

Wichtig ist auch, dass die Lerninhalte, vor allem wenn sie wirtschaftliche und gesellschaftspolitische Fragen betreffen, qualifiziert behandelt werden. Schulbücher sollten in ihrer diesbezüglichen Darstellung einen möglichst übereinstimmenden roten Faden und zueinander keine eklatanten Widersprüche enthalten. Es sollte also nicht vorkommen, darin etwas über das Marktwirtschaftliche zu erfahren, das keiner sachgerechten Realität standhält.[7]

Zu breit angelegten Lerninhalten gehört auch Musik! In Baden-Württemberg gibt es eine Stiftung *Singen mit Kindern*: „Kinder brauchen gute Lieder für ihre Entwicklung".[8]

Nicht nur die Inhalte des schulischen Lernens, auch die daran anschließenden Berufsbilder bedürfen einer entschlosseneren Überprüfung und Neuausrichtung. Viele Tendenzen gehen in Richtung beruflichen Spezialwissens. Das ist auch nötig. Aber der fortlaufende Wandel braucht ebenso Anpassungsfähigkeit. Laut einer Studie im Auftrag der Bertelsmann Stiftung erfordert das eine Abkehr von *starren Berufsbildern*. Diese sollten Ersatz finden durch *weitergefasste Kernberufe*.[9]

5. Kindertagesstätten und Schulen haben im Zentrum eines Bildungsgipfels zu stehen. Das betrifft die Eignung, die Ausbildung und die Qualifikationsanforderungen von erzieherischem Personal und von Lehrkräften gleichermaßen. Das betrifft ebenso ihren - bisher überwiegend einseitigen - beruflichen Werdegang und ihren gesellschaftlichen Status.

Eine zu behandelnde Grundfrage ist ferner die zukünftige Position der Schule schlechthin. Zur Auseinandersetzung und Entscheidung sollten die Vorschläge anstehen, die Bernhard Bueb unlängst dazu gemacht hat. Nämlich:

„An den Schulen muss eine Führungskultur des Handelns aufgebaut werden ... Lehrer besitzen keinerlei Rechte auf Mitsprache, geschweige denn auf Mitbestimmung ... Die Stimmen von über 700.000 Schulleitern und Lehrern gelten nichts, weil sie sie nicht erheben".[10]

Dies ist ein nahezu revolutionäres Plädoyer für mehr Autonomie und Selbstverantwortlichkeit an deutschen Schulen. Allerdings müsste mit dieser Umsetzung auch eine entsprechende Qualifikationsanhebung des Schulkörpers einhergehen. Eine richtige Bewegung findet in diesen systemischen Schlüsselfragen in Deutschland bis heute nicht statt.

Allein eine schulische Gegenüberstellung von Baden-Württemberg, Hamburg und Berlin zeigt, wie stark die institutionelle Ausrichtung zwischen Bundesländern divergiert. In einem solchen Vergleich wird ferner deutlich, dass die Diskussion darüber außerordentlich kontrovers ist. Es geht darin – bisher – weniger um mangelhafte schulische Erfahrung und Erkenntnis; es geht vorzugsweise um übergestülpte ideologische Umhänge. Dieser Gesamteindruck deutet darauf hin, dass unsere Bildungszukunft insoweit eine Fortsetzung von Vergangenheit und Gegenwart bleiben wird.

Baden-Württemberg hat im Jahr 2007 für seine Allgemeinbildenden Schulen einen verbindlichen *Orientierungsrahmen zur Schulqualität* herausgegeben.[11] „Wie kann Schulqualität konkretisiert werden" ist darin eine wegweisende Leitfrage. Die Voraussetzungen für die Erfüllung des Bildungsauftrags werden darin ausführlich benannt. Lerninhalte werden präzisiert. Viel versprechende Absichtserklärungen lassen sich daraus zitieren. Unter anderem:

„Die Schule ist nach außen transparent zu machen".

„Schule und Eltern sind verpflichtet zur Erziehungspartnerschaft".

„Die Selbstevaluation der Schule gehört zu ihrem Auftrag".

„Bildungsstandards beziehen sich auf die Schulart, auf Fachliches, auf die jeweilige Jahrgangsstufe".

Über diese Initiative des Landes Baden-Württemberg hinaus haben sich die Kultusminister der unionsregierten Länder darauf geeinigt, Bildungsstandards für Deutsch, Mathematik, erste Fremdsprache sowie für naturwissenschaftliche Fächer anzuerkennen und sich danach zu richten; 2010/11 sollten sie in Kraft treten mit dem Ziel eines gleichwertigen Abiturs. – Darüber hinaus wollen diese Länder in dieser Frist die Zahl der Schulabbrecher halbieren. Hilfsangebote sollten Hauptschüler bekommen, deren Abschluss gefährdet ist.[12] – Dies sind gute Schritte, die aber insgesamt bei weitem nicht ausreichen.

Demgegenüber gehen Hamburg und Berlin in ihrer schulischen Ausrichtung fragwürdige Wege. Hamburg verordnet sich mit dem Ausgang seiner Bürgerschaftswahl im April 2008 einen zwischenparteilichen Kompromiss, wonach in Zukunft den Schülern nunmehr 6 Jahre gemeinschaftliche Grundschule und den Gymnasiasten eine Verkürzung auf nur noch 6 Anschlussjahre verordnet werden. Dadurch sollen soziale Unterschiede und Leistungsdifferenzen eher ausgeglichen werden können. – Den Schritt in eine 6-jährige Grundschule zu Lasten der Gymnasialzeit hatte vor Jahren bereits Berlin mit der gleichen sozialen Begründung vollzogen.

Beide Entwicklungen – in Berlin wie in Hamburg – widersprechen den Erfahrungen, die mit unseren in Deutschland eingeführten Gesamtschulen seit längerem gemacht werden konnten. Gesamtschulen erreichten bei weitem nicht den jugendlichen Entwicklungsstand und Leistungsstand, den die vergleichbaren Jahrgänge in differenzierten Schulverläufen bundesweit erbracht haben. Eine zeitliche Verlängerung der 4-jährigen Grundschule und damit ein Aufschub schulischer Differenzierung ignorieren die Ergebnisse vorliegender empirischer Untersuchungen.

Beide Entwicklungen – in Berlin wie in Hamburg – widersprechen im Übrigen auch den Ergebnissen einer qualifizierten Studie, die der Berliner Senat im Jahr 2003 über das in seiner Verantwortung stehende Modell einer 6-jährigen Grundschule gesondert in Auftrag gegeben hatte.

69 Grundschulen und 31 Gymnasien in unterschiedlichen Stadtteilen Berlins bildeten dafür die Grundlage. In dieser Studie heißt es unter anderem:

Von einem Ausgleich sozialer Unterschiede kann nicht gesprochen werden. Die sozialen Disparitäten verschärfen sich vielmehr. Zugleich verringern sich die Lernzuwächse. Es geschehe keine ausreichende Förderung der leistungsstärkeren Schüler, und das gelte unabhängig von der sozialen Herkunft, auch für Migrantenkinder.[13]

Gleichheit in der Behandlung kann ungerecht sein. Hier ist es der Fall. Und Solidarität als soziales Bewusstsein ist kein Gebot des Sichfügens in gleiche Bildungsverhältnisse, sondern ein Gebot der Unterstützung und Zuwendung.

In gleicher Kritik steht das Verhalten der Berliner Senatsverwaltung, die den betreffenden Schulen außerdem freigestellt hat, Ziffernoten bis zur achten Klasse zu verbieten und das Sitzenbleiben abzuschaffen. Hierzu ein Kommentar des Bildungsforschers Kurt A. Heller: „Aus der Luft gegriffen sei ... die Annahme, Lern- und Leistungskontrollen beeinträchtigten vor allem in der Grundschule die Lernfreude und Leistungsmotivation der Schüler".[14]

Die an einem Bildungsgipfel beteiligten Bildungspolitiker sollten, wenn sie dieses Thema überhaupt behandeln, zu entscheiden haben, welchen Rang sie der Leistungsbereitschaft und der Leistungsanerkennung bildungsbeflissener Schüler im Schulbereich zubilligen wollen. Eine Schulpolitik, die den Leistungsschwächeren nicht unbedingt dient, den Leistungswilligeren und Leistungsstärkeren aber eher schadet, widerspricht nicht nur dem Leistungsgedanken einer Gesellschaft, der ihr Überleben sichern soll. Sie widerspricht auch der Idee einer fundiert abgeleiteten sozialen Gerechtigkeit. Ihre Vernachlässigung von Begabten und Hochbegabten bewirkt, dass unsere Gesellschaft ihre Möglichkeiten zukunftstauglicher Fortentwicklung nicht wahrnehmen kann.

Beispiele wie Hamburg und Berlin machen ebenfalls deutlich: Budgetmittel allein sind kein Qualitätskriterium. Viel wichtiger ist: Wohin fließen sie, für welchen Bildungsnutzen werden sie ausgegeben?

Es gibt genügend greifbare Ansätze, die leistungsschwächeren Jugendlichen schulisch zu fördern, ohne die leistungsstärkeren zu vernachlässigen. In unserer Öffentlichkeit wird diese Selbstverständlichkeit wenig wahrgenommen. Ein außerschulisches Beispiel mit Vorbildcharakter liefert die Robert-Bosch-Stiftung in ihrer Förderung jugendlicher Talente. Seit 1985 vergibt sie Stipendien an wissensdurstige Kinder von Zuwanderern. Unter ihrem Label *Talent ins Land* werden in Baden-Württemberg und Bayern je 50 Kinder im Alter von 14 Jahren bis zum Schulabschluss gefördert, soweit sich diese durch besondere Leistungen hervortun. Zum Ergebnis: Weitaus die Mehrzahl daraus schaffte das Abitur, viele andere wenigstens die mittlere Reife!

Es ist ein Trugschluss anzunehmen, dass Herkunft aus sozial schwachen Verhältnissen die beruflichen Lebenschancen von vornherein begrenzt. Beispiele für positive schulische und berufliche Entwicklungen gibt es in solcher Anzahl, dass größere bildungspolitische Anstrengungen in diese Richtung viel versprechend sind.

Anstatt am Schulsystem aus vordergründigen sozialen Vorstellungen herumzubasteln, gehört ein Hauptaugenmerk auf die Qualifikation und den Status unseres schulischen Lehrkörpers gerichtet. Die Erfolgsbilanzen an unseren Schulen sollten genügend zu denken geben.

„Es gibt schlechterdings keine Berufe mehr, deren Anforderungen Risikoschüler gewachsen wären, zumal es nicht nur um Fachkenntnisse, sondern um Persönlichkeitsmerkmale ... geht".[15]

Ein Kardinalproblem hierbei ist, dass die Lehrerqualifikation vor allem an Haupt- und Realschulen in sogenannter Fachdidaktik vielfach nicht genügend ausgebildet ist. Auch hier sollte ein Bildungsgipfel eine Qualifikationsoffensive formulieren.

6. Ein ernsthafter Bildungsgipfel hätte sich explizit unserem Hochschulwesen gegenüber zu erklären. Ebenso bei ihm geht es mehr um die Leistungsqualität und erst in zweiter Linie um die daraus resultierenden notwendigen Finanzmittel.

Die Schattenseiten der Studienbedingungen an vielen deutschen Hochschulen bestehen bereits andauernd und tiefgreifend. Die Sonnenseiten dürfen dabei aber nicht übersehen werden.

Im Bildungsbericht von McKinsey aus dem Jahre 2005 heißt es: „Das deutsche Hochschulsystem ist krank".[16] Hauptkriterium dafür ist seine verbreitete chronische Übervölkerung. Als beispielhaft kritisch werden die Studienverhältnisse an der Universität Hamburg herausgestellt:

40.000 Studenten zählt sie insgesamt. Seit Ende der 70er Jahre hat sich ihre Zahl verdoppelt. Und jährlich kommen 11.000 Studienanfänger bei einem Abgang von nur 6.000 Absolventen hinzu.

Was ist erforderlich? weniger Studenten, bessere Betreuung, mehr Absolventen, mehr Wettbewerb, mehr Autonomie![16] Aber trotzdem haben sich die verfügbaren Geldmittel zwischen 1995 und 2001 um 15 Prozent verringert. – Ein Lichtblick ist immerhin, dass Hamburg seit 2001 neue Wege eingeschlagen hat, um sein Hochschulwesen durch wissenschaftliche Schwerpunktbildung und höhere Effizienz fortschrittlich umzugestalten. Es sollte einem Bildungsgipfel nicht allzu schwer sein, vorbildhafte Hochschulbedingungen zu formulieren und für die Bereitstellung der dafür erforderlichen Mittel zu plädieren. Das ist sehr viel wichtiger als jedes politische Fixieren auf Vollbeschäftigung und wirtschaftliches Wachstum. Drei Beispiele für erfreuliche zukunftsgerichtete Hochschulpolitik mit Vorbildcharakter möchte ich anfügen:

Auf Veranlassung der Berliner Guardini-Stiftung liegt nunmehr (2008) ein ausgearbeitetes *europaspezifisches Konzept von Bildung und Wissenschaft für die Universität der Zukunft* vor. Hauptziel ist, Maßstäbe für die Integration von Fachwissen, Allgemeinbildung und Persönlichkeitsbildung zu setzen. Alle drei Studiengänge - Bachelor, Master und Promotion - sollten inhaltliche Vorgaben dafür erhalten. Man will damit den durch den Bologna-Prozess verschütteten Bildungsgedanken wieder freilegen. Kritisches Denken, stringentes Argumentieren und reflektierte Selbst- und Fremdwahrnehmung sollen als Schlüsselkompetenz besonders berücksichtigt werden.[17]

Ein zweites Beispiel für empfohlene Nachahmung ist eine *Exzellenzinitiative für die Lehre an unseren deutschen Hochschulen*, die vom Stifterverband für die Deutsche Wissenschaft aufgegriffen wurde. Ihr Ziel ist, „im deutschen Hochschulsystem langfristig eine Lehrkultur zu etablieren, die deutschen Qualitätsansprüchen so genügt wie die Forschung". Das bedeutet zugleich ein beabsichtigtes Abrücken von der anonymen Massenuniversität. Übergroße Universitäten heutigen Zuschnitts sind kein Boden für Persönlichkeitsentwicklung und motivierenden wissenschaftlichen Tiefgang. „Die Zukunft gehört der kleinen Universität".[18]

Einen hohen Zukunftswert hat – drittens – die Gründung des *Karlsruher Institute of Technology (KIT)* am 22.02.2008. Es entstand aus einer Zusammenführung der Universität Karlsruhe mit dem Forschungszentrum Karlsruhe. 8.000 Mitarbeiter stehen darin der Forschung, der Lehre und der Innovation zur Verfügung. Das Jahresbudget beträgt 600 Millionen Euro. Die erklärten Ziele: eine Institution der Spitzenforschung und der exzellenten akademischen Ausbildung; eine herausragende Stätte für akademisches Lernen, für umfassende Weiterbildung und für unbegrenzten Wissensaustausch; ein Ort für nachhaltige Innovationskultur. Sein konkreter Anspruch: beste Köpfe; Lehre und Nachwuchsförderung; führendes Zentrum der Energieforschung in Europa; sichtbare Rolle im Bereich der Nanowissenschaften weltweit; führender Innovationspartner der Wirtschaft.[19]

Die Exzellenzuniversität Karlsruhe ist aufgrund ihrer inzwischen hinzugewonnenen Autonomie, wie berichtet wird, auch in ihrer Rekrutierung und Honorierung von externen Wissenschaftlern sehr viel beweglicher und attraktiver geworden.

7. Meine abschließende These ist:

Unsere staatliche Bildungspolitik *allein*, mit und ohne ideologische Befangenheit, richtet kein Bildungswesen so aus, dass es in Qualität und bedarfsorientierter Auslegung den Anforderungen einer auf Beschäftigung und produktiven Fortschritt angelegten Gesellschaft genügen kann. Es bedarf immer zugleich und zusätzlich der aus der Gesellschaft erwachsenden freien Initiativen für Bildungsförderung. Nur darf das nicht bedeuten, dass staatliche Bildungspolitik ihren Handlungsbedarf schleifen lässt. Keine bürgerliche und keine privatwirtschaftliche Initiative kann politische Vernachlässigung und Fehlsteuerung kompensieren.

Werden sich Bildungsgipfel mit diesem Spannungsverhältnis befassen? Bisher ist das in die Öffentlichkeit Vermeldete unbefriedigend. Unsere Bildungspolitik hängt zu sehr an alten ausgelebten Strukturen. So wenig Reformeifer der Staat in seiner Sozialpolitik zeigt, so wenig lässt er den Bürger einen solchen im Bildungswesen gewahr werden. An Geldfragen kann eine reformierte Bildungsentwicklung im Grunde nicht scheitern. Sie scheitert im Zweifel an politischer Kompetenz und Entschlussbereitschaft. Denn auch hehre Ziele wie Schulabschlussquoten und Studentenzahlen sind kein überzeugendes Qualitätsmerkmal.

Bildung – Grundstoff unserer gesellschaftlichen Zukunft – „beginnt immer unten und in der Breite, in der Vorschule, in der Schule, in den ersten Semestern".[20] Motivation gewinnen könnten wir mit einem Blick auf anerkennenswerte *außerstaatliche Initiativen*, die unserer Bildungssituation in der jüngeren Vergangenheit einen kräftigen Schub nach vorne versetzt haben. Sie gelten zugleich als Anregung zur Vervielfachung:

1. Michael Otto (Otto Group) und Bernd Wrede (Hapag Lloyd AG) schufen mit ihrem *Hamburger Hauptschulmodell* im Jahr 2000 ein Netzwerk aus Unternehmen, Schulen und Behörden für die Vermittlung von Hauptschülern in betriebliche Ausbildung. Der Großteil der Geförderten kommt aus einkommensschwachen Haushalten. Der Erfolg ist nachhaltig. Diese quasi-duale Ausbildung schlägt sich bereits während der Schullaufbahn der betreffenden Schüler in zunehmender Beteiligung und abnehmender Abbrecherquote nieder.[21]

2. Die Deutsche Telekom gründete 1996 mit dem Bundesbildungsministerium den Verein *Schulen ans Netz*. Ihrem Netzwerk gehören inzwischen 83 Schulen in 15 Bundesländern an.[22]

3. Microsoft rief 2006 die Initiative *IT-Fitness macht Schule* ins Leben. Das Unternehmen will damit bis 2010 vier Millionen junge Menschen durch kostenloses Training im Umgang mit Informationstechnik für ihr Berufsleben schulen.[22]

4. IBM und Universität Karlsruhe unterzeichneten 2008 einen Vertrag zur Gründung des *Karlsruhe Service Research Institute*. Sie finanzieren damit eine neue Professur und wollen insbesondere neuere Erkenntnisse aus Informatik, Ingenieurwesen, Business Strategy, Betriebswirtschaft und Sozialwissenschaft zusammenführen.[22]

5. SAP unterstützt seit Jahren in besonderen Förderprogrammen Forschung und Lehre, indem es Hochschulen seine Software zur Verfügung stellt und an der Ausbildung von Lehrkräften mitwirkt.[22]

6. In ähnlicher Weise hat die Software AG (Darmstadt) 2007 ein Universitätsprogramm gestartet, um IT-fremde Lehrstühle in interdisziplinäre Teams einzubinden.[22]

Nicht-staatliche Engagements wie diese geschehen aus verschiedenen Beweggründen. Im IT-Bereich sind es auch eigene Zukunftsinteressen, die von den Initiatoren damit verfolgt werden. Gerade hier spielt die Nachwuchsförderung und das Verhindern allzu großen Fachkräftemangels eine besondere Rolle. Aber darauf kommt es nicht so sehr an. Ob Idealismus, bürgerliches Sich-Einbringen-Wollen oder unternehmerische Gesichtspunkte – bedeutsam ist der gesellschaftliche Nutzen, der daraus fließt. Und der ist in aller Regel außerordentlich hoch und verdient deshalb ausdrückliche Anerkennung.

Das deutsche Bildungswesen sollte sich über diese nationalen Initiativen hinaus auch von außergewöhnlichen *nicht-staatlichen Beiträgen aus dem Ausland* anregen lassen. Hierzu zwei Projekte:

7. Seit 1990 gibt es in den USA die von Wendy Kopp ins Leben gerufene Initiative *Teach for America*. Ihr Erfolg ist durchschlagend. Hier wird mit Hilfe von Sponsorengeldern um junge Hochschulabsolventen geworben, die sich vornehmlich in Fächern wie Mathematik, Physik, Chemie und Technik sowie in Medizin mit einem ersten Abschluss besonders qualifiziert haben. Sie sollen die ersten zwei Jahre ihres Berufslebens an Basisschulen mit überwiegend bedürftigen Schülergruppen

lehren, ehe sie sich für ihren weiteren beruflichen Werdegang in welchen Berufsrichtungen auch immer entscheiden. – In 2007 glänzte diese Aktion mit 20.000 Bewerbern. Lokale Problemviertel wie Harlem profitierten davon.

Dieser Funke ging 2001 auf Großbritannien über. Hier waren es britische Wirtschaftsverbände in London, die diese Idee unter dem Motto *Teach First* zur Förderung des Unterrichts aufgriffen. Die bevorzugte Zielrichtung sind hier Grundschulen mit nennenswertem Schüleranteil aus einkommensschwachen Familien.

In beiden Fällen, in den USA und in Großbritannien, geschieht eine mehrwöchige Einführungszeit und Seminarbeteiligung zur Vorbereitung der betreffenden Jungakademiker. Die Kandidaten sind im Anschluss an ihren zweijährigen schulischen Einsatz, wenn sie nicht dort bleiben wollen, in anderen beruflichen Bereichen normalerweise hochbegehrt.

Nun steht für 2009 auch ein entsprechendes Projekt in Berlin mit *Teach First Deutschland* an. Es sollen 150 hochmotivierte Jungakademiker als Nachwuchslehrer in Problemschulen vermittelt werden, um die dortigen Bildungschancen zu fördern. Modellvorbild sind dafür USA und Großbritannien. Die betreffenden Studienabsolventen „verschieben auch hier, wie geplant ist, ihren beruflichen Karrierestart um zwei Jahre, um vorwiegend Migrantenkinder und Schüler aus Hartz-IV-Familien zu unterrichten."[23]

Auf den ersten Blick mag es erstaunen, dass diese für Deutschland neue außerschulische Initiative auf Zurückhaltung und Gegenwehr von Seiten Lehrerverband und Gewerkschaft stößt. Wer sich aber die in unserem Land festgefahrenen Vorstellungen und Strukturen vor Augen führt, dürfte sich darüber nicht wundern. Fortschrittlichkeit unter neuartigen, anregenden und gesellschaftsstärkenden Bedingungen hat in dem Bewusstsein unserer über Jahrzehnte verfestigten Verhältnisse einen schweren Stand. Ein Projekt wie *Teach First* ist jedoch Wert genug, um auch innerhalb eines Bildungsgipfels als Aufbruchelement ausdrückliche Berücksichtigung zu finden.

8. John Wood, US-Amerikaner und erfolgreicher Microsoft-Manager, kündigte 1998, mit 35 Jahren, seinen Job und gründete seine Organisation Room to Read, die heute mit rund 200 Mitarbeitern in sechs asiatischen Ländern und in Südafrika aktiv ist. Seine Aufgabe, die er sich gestellt hatte: die Versorgung von Kindern in der Dritten Welt mit Bü-

chern und Bildung. Das Ergebnis – mit Hilfe von persönlich bei namhaften Unternehmen eingeworbenen Geldern – ist durchschlagend: „Alle sechs Stunden eröffnen wir eine neue Bücherei." Und bereits innerhalb der ersten zehn Jahre wurden rund 300 Schulen gegründet, Stipendien an rund 3.500 bedürftige Mädchen verteilt und die Lebensverhältnisse für 1,3 Millionen Kinder verbessert.

In Anerkennung dieser Verdienste erhielt John Wood viermal hintereinander den *Social-Capitalist-Price*.[24]

Darf man von einem politisch inszenierten Bildungsgipfel, wann immer er wiederholt stattfindet, grundlegende zukunftsstabile Neuerungen erwarten? Alle bisherige Erfahrung spricht eher dafür, dass ein zukunftsweisendes Bildungssystem mehr aus der Gesellschaft selbst, aus ihren freien Institutionen und aus den Initiativen ihrer Bürger in eine nachhaltige Bewegung gebracht werden muss. Vielleicht gelingt dies zufriedenstellend aber auch nur, wenn wir – sei es auch unerwünscht – mit Entwicklungen konfrontiert werden, die ein tiefergreifendes Handeln mit allen bildungspolitischen Konsequenzen unausweichlich machen. Gesellschaftliche Irrwege erfordern bisweilen ein Katastrophenszenario, um sie zu korrigieren. Die jüngste Finanzkrise hat uns das vorgeführt.

Anmerkungen

II. Zum Begriff und Wesen von Bildung

1 Wiedergegeben aus einem Brief von Carina Pullem, Jg. 1994, Pulheim-Stommeln.

2 Roman Herzog, Freiheit ist anstrengend. Fördern und Fordern, in: Frankfurter Allgemeine Zeitung v. 06.11.1997.

3 Managerkreis der Friedrich-Ebert-Stiftung, Von der Wissensgesellschaft zur Bildungsgesellschaft, 7 Thesen, Berlin, Okt. 2006.

4 Hierzu: Paideia, in: Stifterverband für die Deutsche Wissenschaft, Essen, Wirtschaft & Wissenschaft, Heft 2, 1997.

5 Elsbeth Stern, Technische Hochschule Zürich, zitiert in: Bildung, Das Magazin von McKinsey, Hamburg, Sept. 2005, S. 70.

6 Neues Testament, Lukas 6,41.

7 Hierzu: Aus dem Schattenreich des Vergessens, in: Frankfurter Allgemeine Zeitung v. 08.03.2008.

8 Jared Diamond, KOLLAPS. Warum Gesellschaften überleben oder untergehen, Frankfurt a.M. 2006, S. 223 f.

9 Hierzu: Max Otte, Der Crash kommt, Berlin 2007.

10 Friedrich A. von Hayek, Missbrauch und Verfall der Vernunft, Tübingen 2004, S. 238.

11 Friedrich A. von Hayek, Missbrauch und Verfall der Vernunft, Tübingen 2004, S. 119 f.

12 Bernard Bosanquet, The Meeting of Extremes in Contemporary Philosophy, London 1921, S. 100.

13 Friedrich A. von Hayek, Missbrauch und Verfall der Vernunft, Tübingen 2004, S. 219.

III. Überlieferte Bildungsideen

1 Ernst Bloch, Das Prinzip Hoffnung, Frankfurt a.M. 1959.

2 Zitiert aus: Rüdiger Safranski, Romantik. Eine deutsche Affäre, München 2007, S. 204.

3 Siehe auch: Rüdiger Safranski, Romantik. Eine deutsche Affäre, München 2007, S. 386.

4 Erwin Schrödinger, Geist und Materie, Zürich 1994.

IV. Realitäten unserer Bildungsgesellschaft

1 Alison Louise Kennedy, Wir werden zerstört, in: Frankfurter Allgemeine Zeitung v. 16.06.2008.

2 Zitiert in: Managerkreis der Friedrich-Ebert-Stiftung, Bildung und Beschäftigung, Berlin, Nov. 2005.

3 Zitiert in: Frankfurter Allgemeine Zeitung v. 21.01.2005.

4 PISA-Report, Programme for International Student Assessment, 2001.

5   So Michael Wagner vom Forschungsinstitut für Soziologie der Universität zu Köln bei der Vorstellung einer Schülerumfrage.
    Siehe auch Meinhard Miegel, Epochenwende. Gewinnt der Westen die Zukunft? Berlin 2005, S. 187.

6   Hierzu: Holger Steltzner, Die arme Mitte, Frankfurter Allgemeine Zeitung v. 20.05.2008.

7   Hierzu: Helmut Wienert, Probleme und Perspektiven der deutschen Volkswirtschaft bis zum Jahr 2050, Vortragsmanuskript, Pforzheim 2006.

8   Managerkreis der Friedrich-Ebert-Stiftung, Bildung und Beschäftigung, Berlin, Nov. 2005.

9   Bertelsmann Stiftung, Forum, Jugend und Arbeit, Gütersloh, 3/2005.

10 Managerkreis der Friedrich-Ebert-Stiftung, Bildung und Beschäftigung, Berlin, Nov. 2005.

11 Frankfurter Allgemeine Zeitung v. 10.01.2008.

12 Bertelsmann Stiftung, Forum, Jugend und Arbeit, Gütersloh, 3/2005.

13 Bertelsmann Stiftung, Gütersloh, Jahresbericht 2007.

14 Hierzu: Norbert Röttgen, Die Globalisierung politisch gestalten, in: Frankfurter Allgemeine Zeitung v. 30.01.2008.

15 Christian Schwägerl, Schwundland. Wenn wir nicht teilen, sterben wir aus, in: Frankfurter Allgemeine Zeitung v. 15.03.2008.

16 Armutsforscher für gezieltere Bildungsausgaben, in: Frankfurter Allgemeine Zeitung v. 25.06.2008.

17 Bertelsmann Stiftung, Forum, Jugend und Arbeit, Gütersloh, 3/2005.

18 Frank Pergande, Wenig Bildung plus Gewalt. In Ostvorpommern (und nicht nur dort) hat sich eine *Kultur der Armut* entwickelt, in: Frankfurter Allgemeine Zeitung v. 23.07.2008.

19 Deutschland fehlen 70.000 Ingenieure, in: Frankfurter Allgemeine Zeitung v. 25.06.2008.

20 Zitiert in: Pforzheimer Zeitung v. 22.07.2008.

21 Hierzu: Jared Diamond, KOLLAPS. Warum Gesellschaften überleben oder untergehen, Frankfurt a.M. 2006, S. 525.

22 Udo Di Fabio in der Frankfurter Allgemeinen Zeitung v. 26.07.2007.

23 Heinz Dieter Kittsteiner, Partei ohne uns, in: Frankfurter Allgemeine Zeitung v. 27.07.2004.

24 Pforzheim. Wirtschaftsstandort 2008 (Wirtschaft und Stadtmarketing), S. 91.

25 Hierzu u.a.: Frankfurter Allgemeine Zeitung v. 19.04.2008.

26 Managerkreis der Friedrich-Ebert-Stiftung. Bildung und Beschäftigung, Berlin, Nov. 2005.

27 Hierzu: Uta Rasche, Wem hilft Kindergeld? in: Frankfurter Allgemeine Zeitung v. 21.11.2007.

28 Helmut Wienert, Wie können alternde Gesellschaften mit dem wachsenden Innovationsdruck fertig werden? in: Konturen 2007. Zeitschrift der Hochschule Pforzheim, S. 76.

29 Bildung, Das Magazin von McKinsey, Hamburg, Sept. 2005, S. 10 f.

30 Hierzu: Heike Schmoll, Nur wer lesen kann, wird den Computer beherrschen, in: Frankfurter Allgemeine Zeitung v. 23.04.2001.

31 Hierzu: Holger Steltzner, Die arme Mitte, in: Frankfurter Allgemeine Zeitung v. 20.05.08.

32 Teure Versäumnisse bei der Integration, in: Frankfurter Allgemeine Zeitung v. 21.01.2008.

33 Mehr Elternarbeit, in: Frankfurter Allgemeine Zeitung v. 26.06.2008.

34 Sebastian Enskat, Ohne die Eltern geht es nicht, in: Frankfurter Allgemeine Zeitung v. 30.07.2008.

35 Hierzu: Regina Mönch, Dreihundert Wörter sind nicht zuviel für das Leben im fremden Land, in: Frankfurter Allgemeine Zeitung v. 14.07.2008.

36 Hierzu: Jürgen Kaube, Wer verhindert Chancengleichheit? in: Frankfurter Allgemeine Zeitung v. 28.02.2008.

37 Bildung, Das Magazin von McKinsey, Hamburg, Sept. 2005, S. 12.

38 Bertelsmann Stiftung, Jahresbericht 2007.

39 Udo Di Fabio, Das bedrängte Drittel, in: Frankfurter Allgemeine Zeitung v. 28.10.2006.

40 Entnommen aus: 365 Tage Kunstgenuss, Bd. 2, Berlin-London-New York 2007, 13.04.2008.

41 Gott und die Welt, München 2005, S. 154.

42 Meinhard Miegel, Epochenwende. Gewinnt der Westen die Zukunft? Berlin 2005, S. 109.

43 So berichtet Herfried Münkler, Humboldt-Universität Berlin, zitiert in: Anna Loll, Ohne Handy in den Hörsaal, in: Frankfurter Allgemeine Zeitung v. 21./22.06.2008.

44 So berichtet von Miloš Vec, Jurist am Max-Planck-Institut für europäische Rechtsgeschichte, zitiert in: Anna Loll, Ohne Handy in den Hörsaal, in: Frankfurter Allgemeine Zeitung v. 21./22.06.2008.

45 Hierzu: Leserbrief von Astrid Schirner, Die Eltern sind das Problem, in: Frankfurter Allgemeine Zeitung v. 30.01.2008.

46 Heike Schmoll, Aggressive Schüler und Eltern machen Lehrer krank, in: Frankfurter Allgemeine Zeitung v. 07.08.2008.

47 Meinhard Miegel, Epochenwende. Gewinnt der Westen die Zukunft? Berlin 2005, S. 153.

48 Bertelsmann Stiftung, Jahresbericht 2007.

49 Wenn Computerspiele süchtig machen, in: Frankfurter Allgemeine Zeitung v. 06.03.2008.

50 Aus einem Vortrag des Medienpsychologen Winterhoff-Spurk im WS 06/07 an der Hochschule Pforzheim.

51 Frankfurter Allgemeine Zeitung v. 10.01.2008.

52 Uta Rasche, Arme Kinder, in: Frankfurter Allgemeine Zeitung v. 11.07.2008.

53 Meinhard Miegel, Epochenwende. Gewinnt der Westen die Zukunft? Berlin 2005, S. 253.

54 So Georg Rothe, in: Wege aus dem Jammertal, Unikath, Zeitschrift der Universität Karlsruhe, 4/2006.

55 Sven Astheimer, Lernen ohne Limit, in: Frankfurter Allgemeine Zeitung v. 21./22.06.2008.
56 Hierzu: Theodor Ickler, Das unmögliche Wörterbuch, in: Frankfurter Allgemeine Zeitung v. 28.08.2004.
57 Hierzu: Gerhard Stickel, Unscharfe Konturen, in: Stifterverband für die Deutsche Wissenschaft, Essen, Wirtschaft & Wissenschaft, Heft 3, 2007.
58 Zitiert in: Frankfurter Allgemeine Zeitung v. 02.04.2008.
59 Heike Schmoll, Nur wer lesen kann, wird den Computer beherrschen, in: Frankfurter Allgemeine Zeitung v. 23.04.2001.
60 Zitiert in: Frankfurter Allgemeine Zeitung v. 23.04.2001 (siehe Anmerkung 59).
61 Jürgen Kaube, Studienabbruch in Deutschland, in: Frankfurter Allgemeine Zeitung v. 19.02.2008.
62 Hierzu: Frankfurter Allgemeine Zeitung v. 11.03.2008.
63 Renate Köcher, Ein schwieriger Dialog, in: Stifterverband für die Deutsche Wissenschaft, Essen, Wirtschaft & Wissenschaft, Heft 3-4, 2006. (Von der Verständigung zwischen Experten und Bevölkerung).
64 Heike Schmoll, Auf der Suche nach dem Ich, in: Frankfurter Allgemeine Zeitung v. 25.08.2007.
65 Hierzu auch: Sabine Andresen, Nur wenige träumen von Höhenflügen, in: Frankfurter Allgemeine Zeitung v. 21.05.2008.
66 Gesine Schwan, Vertrauen ist eine Ressource der Demokratie, in: Frankfurter Allgemeine Zeitung v. 25.08.2004.
67 Nina Brodbeck, Jeder Fünfte geht ohne Abschluss, in: Frankfurter Allgemeine Zeitung v. 23./24.02.2008.
68 Bertelsmann Stiftung, Forum, Jugend und Arbeit, Gütersloh, 3/2005.
69 Friedrich Wilhelm Graf, Rückwärts mit Tempo fünfzig auf die Überholspur, in: Frankfurter Allgemeine Zeitung v. 14.01.2004.
70 Hierzu: Rainer Bölling, Die wiederholte Klage über die Bürde der Gymnasiasten, in: Frankfurter Allgemeine Zeitung v. 30.04.2008.
71 Frankfurter Allgemeine Zeitung v. 03.05.2008.
72 Pforzheimer Zeitung v. 07.08.2008.
73 Heinz-J. Schönhals, Eine Reifeprüfung ist heute zum Lachen, in: Frankfurter Allgemeine Zeitung v. 09.01.1998.
74 Dietrich Schwanitz, Bildung, Frankfurt a.M. 2002, S. 28 f.
75 Hamburg wagt den Leistungsvergleich mit Baden-Württemberg, in: DIE ZEIT v. 18.01.2007.
Hierzu auch: Heike Schmoll, Bildungspolitik als Verhandlungsmasse, in: Frankfurter Allgemeine Zeitung v. 31.03.2008.
76 Zum Vergleich mit Erhebungsdaten aus England siehe: Niveauverfall Mathematikunterricht in England weckt Bedenken, in: Frankfurter Allgemeine Zeitung v. 05.06.2008. – Ein Auszug daraus: „…weil die Schulabschlussprüfungen angesichts der Inflation von

Höchstnoten kein Maßstab mehr dafür seien, talentierte Bewerber von gedrillten zu unterscheiden".

77 Unser Ziel ist die Durchschnittsnote Eins, in: Frankfurter Allgemeine Zeitung v. 22.06.2007.

78 Leserbrief Astrid Schirner, Die Eltern sind das Problem, in: Frankfurter Allgemeine Zeitung v. 30.01.2008.

79 Zitiert aus: Naturtalente gesucht. Ihre Ausbildung bei Witzenmann, Witzenmann Academy Junior Team, Pforzheim 2008.

Witzenmann GmbH ist führender Anbieter von flexiblen metallischen Elementen im globalen Weltmarkt mit rund 3.300 Mitarbeitern. Stammsitz ist Pforzheim.

80 Frankfurter Allgemeine Zeitung v. 30.04.2008.

81 Bildung, Das Magazin von McKinsey, Hamburg, Sept. 2005, S. 3 und 13.

82 Bildung, Das Magazin von McKinsey, Hamburg, Sept. 2005, S. 33 ff.

83 Ann-Kathrin Scheerer, Krippenbetreuung sollte nicht schöngeredet werden, in: Frankfurter Allgemeine Zeitung v. 10.07.2008.

84 Dietrich Schwanitz, Bildung, Frankfurt a.M. 2002, S. 28-31.

85 Dietrich Schwanitz, Bildung, Frankfurt a.M. 2002, S. 30.

86 Jürgen Kaube, Studienabbruch in Deutschland, in: Frankfurter Allgemeine Zeitung v. 19.02.2008.

87 So Joachim Bauer im Gespräch mit Heike Schmoll, Aggressive Schüler und Eltern machen Lehrer krank - Positive Rückmeldungen sind für Lehrer wichtig, in: Frankfurter Allgemeine Zeitung v. 07.08.2008.

88 Frankfurter Allgemeine Zeitung v. 19.10.2007.

89 Paul Kirchhof, Die postsäkulare Gesellschaft, in: Frankfurter Allgemeine Zeitung v. 03.06.2004.

90 Heike Schmoll, Schwierige Übergänge, in: Frankfurter Allgemeine Zeitung v. 26.06.2008.

91 Hierzu: Klaus von Dohnanyi in: Bildung, Das Magazin von McKinsey, Hamburg, Sept. 2005, S. 86 ff.

92 Hierzu: Gerald D. Feldman, Amerika – unser Vorbild? in: Stifterverband für die Deutsche Wissenschaft, Essen, Wirtschaft & Wissenschaft, Heft 1, 2007.

93 Bernhard Kempen, Besser ohne Lehrprofessuren, in: Frankfurter Allgemeine Zeitung v. 17. 04.2008   (Kempen ist Präsident des Deutschen Hochschulverbandes).

94 Hierzu: Schonungslose Kritik an der Lage der Hochschulen, in: Frankfurter Allgemeine Zeitung v. 07.07.2008.

95 Hierzu: Stephan Leibfried und Achim Wiesner, Exzellenzinitiative, die zweite: Wie soll es weitergehen? in: Frankfurter Allgemeine Zeitung v. 08.07.2008.

96 Stifterverband für die Deutsche Wissenschaft, Essen, Wirtschaft & Wissenschaft, Heft 4, 2007.

97 Jürgen Kaube, Das Ende des Dipl.-Ing., in: Frankfurter Allgemeine Zeitung v. 07.07.2007.

98 Jürgen Mittelstraß, Der Geist und die Geisteswissenschaften, in: Frankfurter Allgemeine Zeitung v. 14.01.2008.

99 Jürgen Kaube, Eine Reform sucht ihre Schuldigen, in: Frankfurter Allgemeine Zeitung v. 03.06.2008.

100 Frankfurter Allgemeine Zeitung v. 15.05.2008.

101 Zitiert in: Bertelsmann Stiftung, Jahresbericht 2007.

102 Hierzu: Heike Schmoll, Nicht konkurrenzfähig. Die deutschen Hochschulen stehen auch nach zwei Runden Exzellenzinitiative schlecht da, in: Frankfurter Allgemeine Zeitung v. 02.04.2008.

103 Hierzu: Bildung, Das Magazin von McKinsey, Hamburg, Sept. 2005, S. 10.

V. Beschäftigung und Wachstum – zwei Fundamentalziele unserer Gesellschaft

1 Quelle: Ulf Schneider, Die deutsche Wachstumslücke, in: Frankfurter Allgemeine Zeitung v. 13.05.2008.

2 Quelle: Institut für Weltwirtschaft, Kiel, Weltkonjunktur im Winter 2008, 22.12.2008.

3 Frankfurter Allgemeine Zeitung v. 12.03.2008.

4 Meinhard Miegel, Epochenwende. Gewinnt der Westen die Zukunft? Berlin 2005, Insbesondere S. 55, 58, 160, 214 sowie 104 und 98.

5 Zitiert aus: Thomas L. Friedman, Die Welt ist flach. Eine kurze Geschichte des 21. Jahrhunderts, Frankfurt a.M. 2006, S. 446.

6 Managerkreis der Friedrich-Ebert-Stiftung, Soziale Gerechtigkeit Morgen, Berlin, Jan. 2007.

7 Thomas L. Friedman, Die Welt ist flach. Eine kurze Geschichte des 21. Jahrhunderts, Frankfurt a.M. 2006, insbesondere S. 407, 430, 497, 471, 487, 508.

8 Zitiert von Thomas L. Friedman, Die Welt ist flach. Eine kurze Geschichte des 21. Jahrhunderts, Frankfurt a.M. 2006, S. 679.

9 Hierzu: Ray Kurzweil, Homo Sapiens. Leben im 21. Jahrhundert – Was bleibt vom Menschen? Köln 2000, insbesondere S. 54 ff und 163.

10 Ray Kurzweil, Homo Sapiens. Leben im 21. Jahrhundert – Was bleibt vom Menschen? Köln 2000, S. 359.

11 Thomas L. Friedman, Die Welt ist flach. Eine kurze Geschichte des 21. Jahrhunderts, Frankfurt a.M. 2006, S. 497 und 417.

12 Helmut Wienert, Wie können alternde Gesellschaften mit dem wachsenden Innovationsdruck fertig werden? in: Konturen 2007, Zeitschrift der Hochschule Pforzheim, S. 73 ff.

13 Thomas L. Friedman, Die Welt ist flach. Eine kurze Geschichte des 21. Jahrhunderts, Frankfurt a.M. 2006, S. 344-370.

14 Hierzu: Fachkräftemangel kann 4,6 Billionen Euro kosten, in: Frankfurter Allgemeine Zeitung v. 08.10.2008.

15 Miriam Meckel (Universität St. Gallen), Wann wird aus viel Information zuviel Information? In: Frankfurter Allgemeine Zeitung v. 21.05.2008.

16 Julian Nida-Rümelin (Universität Mainz), Bildungspalette erweitern, in: Frankfurter Allgemeine Zeitung v. 21.05.2008.

17 Die deutsche Wettbewerbsfähigkeit nimmt weiter ab, in: Frankfurter Allgemeine Zeitung v. 12.05.2005.

18 Hierzu: Managerkreis der Friedrich-Ebert-Stiftung, Internationaler Standortwettbewerb. Wie kann Deutschland Globalisierungsgewinner bleiben? Berlin, Juni 2007.

19 Hierzu: Jürgen Kaube, Pisa falsch gedeutet, in: Frankfurter Allgemeine Zeitung v. 06.05.2008.

20 Nachlesenswert dargestellt von Jared Diamond, Arm und Reich. Die Schicksale menschlicher Gesellschaften, Frankfurt a.M. 2006, S. 501.

21 Hierzu: Bildung, Das Magazin von McKinsey, Hamburg, Sept. 2005, S. 11.

22 Thomas L. Friedman, Die Welt ist flach. Eine kurze Geschichte des 21. Jahrhunderts, Frankfurt a.M. 2006, S. 402 f.

23 Ray Kurzweil, Homo Sapiens. Leben im 21. Jahrhundert – Was bleibt vom Menschen? Köln 2000, S. 340 und 124.

24 Hierzu: Frank Schirrmacher, Roger Kuschs Appell zum süßen und ehrenvollen Sterben, in: Frankfurter Allgemeine Zeitung v. 11.07.2008. Und Sven Astheimer, Lernen ohne Limit, in: Frankfurter Allgemeine Zeitung v. 21./22.06.2008.

25 Hierzu auch: Jared Diamond, KOLLAPS. Warum Gesellschaften überleben oder untergehen, Frankfurt a.M. 2006, S. 630.

VI. Wohin bewegt sich Deutschland?

1 Jared Diamond, KOLLAPS. Warum Gesellschaften überleben oder untergehen, Frankfurt a.M. 2006, S. 643 und 646.

2 Frank Schirrmacher, Das Zeitalter des Unglücks, in: Frankfurter Allgemeine Zeitung v. 18.09.2008.

3 Jared Diamond, KOLLAPS. Warum Gesellschaften überleben oder untergehen, Frankfurt a.M. 2006, S. 633 und 465.

4 Zur Erläuterung hierzu: Hans Mohr im Vortrag über Technikfolgenabschätzung vor dem Stifterverband für die Deutsche Wissenschaft in Essen, Wirtschaft & Wissenschaft, Heft 2, 1997.

5 Jared Diamond, KOLLAPS. Warum Gesellschaften überleben oder untergehen, Frankfurt a.M. 2006, S. 463.

6 Zitiert von: Fredmund Malik, Wirksame Unternehmensaufsicht, Frankfurt a.M. 1997, S. 56.

7 Andreas Paulsen, Allgemeine Volkswirtschaftslehre, Bd. 1, Grundlegung § 1, Berlin 1974.

8 Fredmund Malik, Wirksame Unternehmensaufsicht, Frankfurt a.M. 1997, S. 96 ff.

Sigvard Clasen, Gleichgewicht – Ein Zielbegriff der Unternehmensführung, in: Gleichgewicht, Entwicklung und soziale Bedingungen der Wirtschaft. Gedenkschrift für Andreas Paulsen, Berlin 1979, S. 331 ff.

Sigvard Clasen, Zur Kultur des Unternehmens, in: Zeitschrift der Industrie- und Handelskammer Nordschwarzwald, 4/2002, S. 12.

9   Hierzu: Managerkreis der Friedrich-Ebert-Stiftung, Werteorientierte Unternehmensführung und Corporate Governance, Berlin, Mai 2006.
10 Dargestellt von Holger Steltzner, Die arme Mitte, in: Frankfurter Allgemeine Zeitung v. 20.05.2008.
11 Jeder Zehnte erhält Sozialleistungen, in: Frankfurter Allgemeine Zeitung v. 05.09.2008. (Bezug auf Studie ‚Soziale Mindestsicherung in Deutschland 2006').
12 Wolfgang Kersting, Sozialstaatliche Freiheitsgefährdung, in: Frankfurter Allgemeine Zeitung v. 07.06.2008.
13 Hierzu: Axel Börsch-Supan, Die Heuchelei mit den Mindestlöhnen, in: Frankfurter Allgemeine Zeitung v. 19.01.2008.
14 Hierzu: Otfried Höffe, Das Unrecht des Bürgerlohns, in: Frankfurter Allgemeine Zeitung v. 22.12.2007.
15 So bereits erörtert von: Friedrich A. von Hayek, Missbrauch und Verfall der Vernunft, Tübingen 2004, S. 89.
16 Ralf Dahrendorf, Recht und Ordnung. Weniges ist schlimmer als die Beliebigkeit einer Welt ohne Halt, in: Frankfurter Allgemeine Zeitung v. 21.11.2001.
17 Aus einem Gespräch mit dem Erziehungshistoriker Heinz-Elmar Tenorth, Aufstieg durch Bildung – was das heißen kann und was nicht, in: Frankfurter Allgemeine Zeitung v. 16.09.2008.
18 Siehe auch die Prognosen des Zentrums für Europäische Wirtschaftsforschung (ZEW), zitiert in: Frankfurter Allgemeine Zeitung v. 19./20.04.2008.
19 Peer Steinbrück, Lobbyisten in die Produktion! Aus der Rede auf dem Neujahrsempfang der IHK Frankfurt a.M., in: Frankfurter Allgemeine Zeitung v. 12.01.2006.
20 Udo Di Fabio, Das bedrängte Drittel, in: Frankfurter Allgemeine Zeitung v. 28.10.2006.
21 Josef Kraus, Wann ist der Mensch ein Mensch? in: Frankfurter Allgemeine Zeitung v. 12.10.2008.
22 Udo Di Fabio, Das bedrängte Drittel, in: Frankfurter Allgemeine Zeitung v. 28.10.2006.
23 Jeder achte Deutsche an der Grenze der Armut, in: Frankfurter Allgemeine Zeitung v. 20.05.2008.
24 Hermann Lübbe, Gleichheit macht frei, in: Frankfurter Allgemeine Zeitung v. 13.02.2007.
25 Managerkreis der Friedrich-Ebert-Stiftung, Soziale Gerechtigkeit Morgen, Berlin, Jan. 2007.
26 Holger Steltzner, Die arme Mitte, in: Frankfurter Allgemeine Zeitung v. 20.05.2008.
27 Roman Herzog, Freiheit ist anstrengend, in: Frankfurter Allgemeine Zeitung v. 06.11.1997.
28 Ralf Dahrendorf, Was von Dauer ist. Klassen ohne Kampf, Kampf ohne Klassen, in: Frankfurter Allgemeine Zeitung v. 09.03.2002.
29 Ralf Dahrendorf, Leben als Tätigkeit, in: Frankfurter Allgemeine Zeitung v. 24.12.2001.
30 Ralf Dahrendorf, Teilnahme am Guten. Über die Idee einer allgemeinen Geschichte in weltbürgerlicher Absicht, in: Frankfurter Allgemeine Zeitung v. 22.06.2002.

31 Maria Böhmer, Der Schlüssel zur Integration, in: Frankfurter Allgemeine Zeitung v. 31.10.2008.

32 Anschaulicher Bericht von: Holger Appel, Gerettete Frösche, in: Frankfurter Allgemeine Zeitung v. 14.06.2008.

33 Managerkreis der Friedrich-Ebert-Stiftung, Soziale Gerechtigkeit Morgen, Berlin, Jan. 2007.

34 Zitiert aus: Geschäftsbericht der Robert Bosch GmbH, Stuttgart, für das Geschäftsjahr 2007.

35 Hierzu: Franz-Xaver Kaufmann und Carsten Stahmer, Stiefkind Humanvermögen, in: Frankfurter Allgemeine Zeitung v. 20.12.2007.

36 Michael Prollins, Menschenfreundlicher Neoliberalismus, in: Frankfurter Allgemeine Zeitung v. 10.11.2007.

37 Hans Mathias Kepplinger und Marcus Maurer, Abschied vom rationalen Wähler. Warum Wahlen im Fernsehen entschieden werden, Freiburg 2005 (daraus zitiert in: Frankfurter Allgemeine Zeitung v. 23.05.2005).

38 Rüdiger Safranski, Romantik, Eine deutsche Affäre, München 2007, S. 172 ff.

39 Mark Simons, China staunt, in: Frankfurter Allgemeine Zeitung v. 21.06.2008. Hieraus: College-Absolventen im Jahr 2005 in China rund 3,3 Mio., in den USA 1,3 Mio. – Abgänger aus Ingenieurwissenschaften in China rund 600.000, in den USA rund 70.000.

40 Hierzu auch: Jared Diamond, KOLLAPS. Warum Gesellschaften überleben oder untergehen, Frankfurt a.M. 2006, S. 347.

41 Hierüber: Heike Schmoll, Keine Rede von Egoismus, in: Frankfurter Allgemeine Zeitung v. 19.08.2008.

42 So beispielsweise: Managerkreis der Friedrich-Ebert-Stiftung, Soziale Gerechtigkeit Morgen, Berlin, Jan. 2007.

43 Bildung, Das Magazin von McKinsey, Hamburg, Sept. 2005, S. 60 ff.

VII. Ein vorweggenommener ‚Bildungsgipfel'

1 Roman Herzog, Freiheit ist anstrengend. Fördern und Fordern, in: Frankfurter Allgemeine Zeitung v. 06.11.1997.

2 Zitiert von: Josef Kraus (OStD in Bayern, Präsident des Deutschen Lehrerverbandes), Wann ist der Mensch ein Mensch? in: Frankfurter Allgemeine Sonntagszeitung v. 12.10.2008.

3 Zitiert in der Pforzheimer Zeitung v. 19.02.2008 aus einem Interview mit Friedhelm Pfeiffer vom Zentrum für Europäische Wirtschaftsforschung (ZEW).

4 Siehe auch Pforzheimer Zeitung v. 18.04.2008.

5 Hierzu: Elsbeth Stern und Aljoscha Neubauer, Wissen entscheidet über Erfolg, in: Frankfurter Allgemeine Zeitung v. 21.05.2008.

6 Hierzu: Rüdiger Abeler, Ein Forum für Vielfalt und Faszination. Der Ideenpark 2008, in: Frankfurter Allgemeine Zeitung v. 20.05.2008.

7 Hierzu: Robert von Lucius, Das Bild der Wirtschaft in deutschen Schulbüchern, in: Frankfurter Allgemeine Zeitung v. 23.06.2008.

8 Heike Schmoll, Kinder brauchen gute Lieder für ihre Entwicklung, in: Frankfurter Allgemeine Zeitung v. 26.06.2008.

9 Bericht in: Frankfurter Allgemeine Zeitung v. 29.09.2008.

10 Bernhard Bueb, Alle Macht den Schulleitern! in: Frankfurter Allgemeine Zeitung v. 05.09.2008 (B.B. war Leiter des Internats Schloss Salem).

11 Orientierungsrahmen zur Schulqualität für allgemeinbildende Schulen in Baden-Württemberg, Sept. 2007 (Hrsg. Ministerium für Kultus, Jugend und Sport).

12 Bericht über Kultusministerkonferenz, in: Frankfurter Allgemeine Zeitung v. 19.10.2007.

13 Studienergebnisse des Berliner Erziehungswissenschaftlers Rainer Lehmann von der Humboldt-Universität, dargestellt von: Heike Schmoll, Die sozialen Unterschiede werden verstärkt, in: Frankfurter Allgemeine Zeitung v. 17.04.2008.

14 So Bildungsforscher Kurt A. Heller, Von der Aktivierung der Begabtenreserven zur Hochbegabtenförderung, Berlin 2008.

15 Heike Schmoll, Aufstieg nicht allein durch Bildung, in: Frankfurter Allgemeine Zeitung v. 21.10.2008.

16 Bildung, Das Magazin von McKinsey, Hamburg, Sept. 2005, S. 80 ff.

17 Hierzu: Heike Schmoll, Der Verlust des Bildungsgedankens bringt Europas Unis zusammen, in: Frankfurter Allgemeine Zeitung v. 02.10.2008.

18 Stifterverband für die Deutsche Wissenschaft, Essen, Wirtschaft & Wissenschaft, Heft 1, 2008.

19 Auszug aus KIT-Programm ‚Gemeinsam an die Spitze', vorgelegt anlässlich der Gründungsfeier am 22.02.2008 in Karlsruhe.

20 Hierzu: Heike Schmoll, Exzellenzpause erwünscht, in: Frankfurter Allgemeine Zeitung v. 22.10.2007.

21 Bericht von: Bertelsmann Stiftung, Forum, Jugend und Arbeit, Gütersloh, 3/2005.

22 Bericht von: Philip Eppelsheim, Kampf dem Nachwuchsmangel, in: Frankfurter Allgemeine Zeitung v. 01./02.03.2008.

23 Berichte von: Bildung, Das Magazin von McKinsey, Hamburg, Sept. 2005, S. 130 ff.

Nina Trentmann, Umweg durch die Klassenzimmer, in: Frankfurter Allgemeine Zeitung v. 14./15.06.2008.

24 Bericht von: Sebastian Balzter, Vom Manager zum Weltverbesserer, in: Frankfurter Allgemeine Zeitung v. 06.10.2007.

Autor

Sigvard Clasen, geb. 1936 in Hamburg, Studium Maschinenbau und Wirtschaftswissenschaften in Karlsruhe und Berlin, Promotion zum Dr. rer. pol. in Hamburg.

Beruflich im internationalen Kreditwesen für die Dritte Welt, in Angewandter Wirtschaftsforschung und langjährig Vorstand einer Aktiengesellschaft in der Metallindustrie. Heute Aufsichtsrat in großen mittelständischen Unternehmen; ferner Mitglied im Kuratorium der Hochschule Pforzheim und im Vorstand der Reuchlin-Gesellschaft Pforzheim.

Ausgewählte Veröffentlichungen

Die Flexibilität der volkswirtschaftlichen Produktionsstruktur (Wirtschaftspolitische Studien 4), Göttingen 1966.

Zur Theorie der Strukturflexibilität, in: Jahrbuch für Sozialwissenschaft, Bd. 17, Heft 3, Göttingen 1966.

Gleichgewicht – ein Zielbegriff der Unternehmensführung, in: Gleichgewicht, Entwicklung und soziale Bedingungen der Wirtschaft, Gedenkschrift zum 80. Geburtstag von Andreas Paulsen, Berlin 1979.

Schlüsselthemen unserer Gegenwart, Mainz 1985.

Erfolgreiche Unternehmensführung, in: MIT Wirtschaftsforum, Nr. 9, Sept. 1997.

Paradoxien in unserem Leben. Eine Auseinandersetzung mit unserer gesellschaftlichen Lebensweise, Mainz 1997

Über die Zukunft unserer Gesellschaft, Mainz 1999.

Zur Kultur des Unternehmens, in: Zeitschrift der Industrie- und Handelskammer Nordschwarzwald, April 2002.

Unbehagen ohne Ende, in: Pforzheimer Zeitung v. 23.08.2002.

Rezension: Peter Bofinger: ‚Wir sind besser als wir glauben. Wohlstand für alle', München 2005, in: LIST FORUM für Wirtschafts- und Finanzpolitik, Bd. 32, Heft 3, 2006.

ERZIEHUNGSKONZEPTIONEN UND PRAXIS

Herausgeber: Gerd-Bodo von Carlsburg

Band 1 Barbara Hellinge / Manfred Jourdan / Hubertus Maier-Hein: Kleine Pädagogik der Antike. 1984.

Band 2 Siegfried Prell: Handlungsorientierte Schulbegleitforschung. Anleitung, Durchführung und Evaluation. 1984.

Band 3 Gerd-Bodo Reinert: Leitbild Gesamtschule versus Gymnasium? Eine Problemskizze. 1984.

Band 4 Ingeborg Wagner: Aufmerksamkeitsförderung im Unterricht. Hilfen durch Lehrertraining. 1984.

Band 5 Peter Struck: Pädagogische Bindungen. Zur Optimierung von Lehrerverhalten im Schulalltag. 1984.

Band 6 Wolfgang Sehringer (Hrsg.): Lernwelten und Instruktionsformen. 1986.

Band 7 Gerd-Bodo Reinert (Hrsg.): Kindgemäße Erziehung. 1986.

Band 8 Heinrich Walther: Testament eines Schulleiters. 1986.

Band 9 Gerd-Bodo Reinert / Rainer Dieterich (Hrsg.): Theorie und Wirklichkeit - Studien zum Lehrerhandeln zwischen Unterrichtstheorie und Alltagsroutine. 1987.

Band 10 Jörg Petersen / Gerhard Priesemann: Einführung in die Unterrichtswissenschaft. Teil 1: Sprache und Anschauung. 2., überarb. Aufl. 1992.

Band 11 Jörg Petersen / Gerhard Priesemann: Einführung in die Unterrichtswissenschaft. Teil 2: Handlung und Erkenntnis. 1992.

Band 12 Wolfgang Hammer: Schulverwaltung im Spannungsfeld von Pädagogik und Gesellschaft. 1988.

Band 13 Werner Jünger: Schulunlust. Messung - Genese - Intervention. 1988.

Band 14 Jörg Petersen / Gerhard Priesemann: Unterricht als regelgeleiteter Handlungszusammenhang. Ein Beitrag zur Verständigung über Unterricht. 1988.

Band 15 Wolf-Dieter Hasenclever (Hrsg.): Pädagogik und Psychoanalyse. Marienauer Symposion zum 100. Geburtstag Gertrud Bondys. 1990.

Band 16 Jörg Petersen / Gerd-Bodo Reinert / Erwin Stephan: Betrifft: Hausaufgaben. Ein Überblick über die didaktische Diskussion für Elternhaus und Schule. 1990.

Band 17 Rudolf G. Büttner / Gerd-Bodo Reinert (Hrsg.): Schule und Identität im Wandel. Biographien und Begebenheiten aus dem Schulalltag zum Thema Identitätsentwicklung. 1991.

Band 18 Eva Maria Waibel: Von der Suchtprävention zur Gesundheitsförderung in der Schule. Der lange Weg der kleinen Schritte. 3. Aufl. 1994.

Band 19 Heike Biermann: Chancengerechtigkeit in der Grundschule – Anspruch und Wirklichkeit. 1992.

Band 20 Wolf-Dieter Hasenclever (Hrsg.): Reformpädagogik heute: Wege der Erziehung zum ökologischen Humanismus. 2. Marienauer Symposion zum 100. Geburtstag von Max Bondy. 1993. 2., durchges. Aufl. 1998.

Band 21 Bernd Arnold: Medienerziehung und moralische Entwicklung von Kindern. Eine medienpädagogische Untersuchung zur Moral im Fernsehen am Beispiel einer Serie für Kinder im Umfeld der Werbung. 1993.

Band 22 Dimitrios Chatzidimou: Hausaufgaben konkret. Eine empirische Untersuchung an deutschen und griechischen Schulen der Sekundarstufen. 1994.

Band 23 Klaus Knauer: Diagnostik im pädagogischen Prozeß. Eine didaktisch-diagnostische Handreichung für den Fachlehrer. 1994.

Band 24 Jörg Petersen / Gerd-Bodo Reinert (Hrsg.): Lehren und Lernen im Umfeld neuer Technologien. Reflexionen vor Ort. 1994.

Band 25 Stefanie Voigt: Biologisch-pädagogisches Denken in der Theorie. 1994.

Band 26 Stefanie Voigt: Biologisch-pädagogisches Denken in der Praxis. 1994.

Band 27 Reinhard Fatke / Horst Scarbath: Pioniere Psychoanalytischer Pädagogik. 1995.

Band 28 Rudolf G. Büttner / Gerd-Bodo Reinert (Hrsg.): Naturschutz in Theorie und Praxis. Mit Beispielen zum Tier-, Landschafts- und Gewässerschutz. 1995.

Band 29 Dimitrios Chatzidimou / Eleni Taratori: Hausaufgaben. Einstellungen deutscher und griechischer Lehrer. 1995.

Band 30 Bernd Weyh: Vernunft und Verstehen: Hans-Georg Gadamers anthropologische Hermeneutikkonzeption. 1995.

Band 31 Helmut Arndt / Henner Müller-Holtz (Hrsg.): Schulerfahrungen – Lebenserfahrungen. Anspruch und Wirklichkeit von Bildung und Erziehung heute. Reformpädagogik auf dem Prüfstand. 2. Aufl. 1996.

Band 32 Karlheinz Biller: Bildung erwerben in Unterricht, Schule und Familie. Begründung – Bausteine – Beispiele. 1996.

Band 33 Ruth Allgäuer: Evaluation macht uns stark! Zur Unverzichtbarkeit von Praxisforschung im schulischen Alltag. 1997. 2., durchges. Aufl. 1998.

Band 34 Christel Senges: Das Symbol des Drachen als Ausdruck einer Konfliktgestaltung in der Sandspieltherapie. Ergebnisse aus einer Praxis für analytische Psychotherapie von Kindern und Jugendlichen. 1998.

Band 35 Achim Dehnert: Untersuchung der Selbstmodelle von Managern. 1997.

Band 36 Shen-Keng Yang: Comparison, Understanding and Teacher Education in International Perspective. Edited and introduced by Gerhard W. Schnaitmann. 1998.

Band 37 Johann Amos Comenius: Allverbesserung (Panorthosia). Eingeleitet, übersetzt und erläutert von Franz Hofmann. 1998.

Band 38 Edeltrud Ditter-Stolz: Zeitgenössische Musik nach 1945 im Musikunterricht der Sekundarstufe I. 1999.

Band 39 Manfred Luketic: Elektrotechnische Lernsoftware für den Technikunterricht an Hauptschulen. 1999.

Band 40 Gerhard Baltes / Brigitta Eckert: Differente Bildungsorte in systemischer Vernetzung. Eine Antwort auf das Problem der funktionellen Differenzierung in der Kooperation zwischen Jugendarbeit und Schule. 1999.

Band 41 Roswit Strittmatter: Soziales Lernen. Ein Förderkonzept für sehbehinderte Schüler. 1999.

Band 42 Thomas H. Häcker: Widerstände in Lehr-Lern-Prozessen. Eine explorative Studie zur pädagogischen Weiterbildung von Lehrkräften. 1999.

Band 43 Sabine Andresen / Bärbel Schön (Hrsg.): Lehrerbildung für morgen. Wissenschaftlicher Nachwuchs stellt sich vor. 1999.

Band 44 Ernst Begemann: Lernen verstehen – Verstehen lernen. Zeitgemäße Einsichten für Lehrer und Eltern. Mit Beiträgen von Heinrich Bauersfeld. 2000.

Band 45 Günter Ramachers: Das intrapersonale Todeskonzept als Teil sozialer Wirklichkeit. 2000.

Band 46 Christoph Dönges: Lebensweltliche Erfahrung statt empirischer Enteignung. Grenzen und Alternativen empirischer Konzepte in der (Sonder-)Pädagogik. 2000.

Band 47 Michael Luley: Eine kleine Geschichte des deutschen Schulbaus. Vom späten 18. Jahrhundert bis zur Gegenwart. 2000.

Band 48 Helmut Arndt / Henner Müller-Holtz (Hrsg.): Herausforderungen an die Pädagogik aufgrund des gegenwärtigen gesellschaftlichen Wandels. Bildung und Erziehung am Beginn des 3. Jahrtausends. 2000.

Band 49 Johann Amos Comenius: Allermahnung (Pannuthesia). Eingeleitet, übersetzt und erläutert von Franz Hofmann. 2001.

Band 50 Hans-Peter Spittler-Massolle: Blindheit und blindenpädagogischer Blick. Der *Brief über die Blinden zum Gebrauch für die Sehenden* von Denis Diderot und seine Bedeutung für den Begriff von Blindheit. 2001.

Band 51 Eva Rass: Kindliches Erleben bei Wahrnehmungsproblemen. Möglichkeiten einer selbstpsychologisch ausgerichteten Pädagogik und Psychotherapie bei sublimen und unerkannten Schwächen in der sensorischen Integration. 2002.

Band 52 Bruno Hamann: Neue Herausforderungen für eine zeitgemäße und zukunftsorientierte Schule. Unter Mitarbeit von Birgitta Hamann. 2002.

Band 53 Johann Amos Comenius: Allerleuchtung (Panaugia). Eingeleitet, übersetzt und erläutert von Franz Hofmann. 2002.

Band 54 Bernd Sixtus: Alasdair MacIntyres Tugendenlehre von *After Virtue* als Beitrag zum Disput über universalistische Erziehungsziele. 2002.

Band 55 Elke Wagner: Sehbehinderung und Soziale Kompetenz. Entwicklung und Erprobung eines Konzeptes. 2003.

Band 56 Jutta Rymarczyk / Helga Haudeck: *In Search of The Active Learner*. Untersuchungen zu Fremdsprachenunterricht, bilingualen und interdisziplinären Kontexten. 2003.

Band 57 Gerhard W. Schnaitmann: Forschungsmethoden in der Erziehungswissenschaft. Zum Verhältnis von qualitativen und quantitativen Methoden in der Lernforschung an einem Beispiel der Lernstrategienforschung. 2004.

Band 58 Bernd Schwarz / Thomas Eckert (Hrsg.): Erziehung und Bildung nach TIMSS und PISA. 2004.

Band 59 Werner Sacher / Alban Schraut (Hrsg.): Volkserzieher in dürftiger Zeit. Studien über Leben und Wirken Eduard Sprangers. 2004.

Band 60 Dorothee Dahl: Interdisziplinär geprägte Symbolik in der visuellen Kommunikation. Tendenzen therapeutisch-kunstpädagogischer Unterrichtsmodelle vor dem Hintergrund multimedialer Zeitstrukturen. 2005.

Band 61 Gerd-Bodo von Carlsburg / Marian Heitger (Hrsg.): Der Lehrer – ein (un)möglicher Beruf. 2005.

Band 62 Bruno Hamann: Pädagogische Anthropologie. Theorien – Modelle – Strukturen. Eine Einführung. 4., überarbeitete und ergänzte Auflage. 2005.

Band 63 Airi Liimets: Bestimmung des lernenden Menschen auf dem Wege der Reflexion über den Lernstil. 2005.

Band 64 Cornelia Matz: Vorbilder in den Medien. Ihre Wirkungen und Folgen für Heranwachsende. 2005.

Band 65 Birgitta Hamann: Grundfragen der Literaturdidaktik und zentrale Aspekte des Deutschunterrichts. 2005.

Band 66 Ralph Olsen / Hans-Bernhard Petermann / Jutta Rymarczyk (Hrsg.): Intertextualität und Bildung – didaktische und fachliche Perspektiven. 2006.

Band 67 Bruno Hamann: Bildungssystem und Lehrerbildung im Fokus aktueller Diskussionen. Bestandsaufnahme und Perspektiven. 2006.

Band 68 Ingeborg Seitz: Heterogenität als Chance. Lehrerprofessionalität im Wandel. 2007.

Band 69 Margret Ruep / Gustav Keller: Schulevaluation. Grundlagen, Methoden, Wirksamkeit. 2007.

Band 70 Harald Schweizer: Krach oder Grammatik? Streitschrift für einen revidierten Sprachunterricht. Kritik und Vorschläge. 2008.

Band 71 Martina Becker / Gerd-Bodo von Carlsburg / Helmut Wehr (Hrsg.): Seelische Gesundheit und gelungenes Leben. Perspektiven der Humanistischen Psychologie und Humanistischen Pädagogik. Ein Handbuch. 2008.

Band 72 Sigvard Clasen: Bildung im Licht von Beschäftigung und Wachstum. Wohin bewegt sich Deutschland? 2009.

www.peterlang.de

Katrin Hauenschild / Dietmar Bolscho

Bildung für Nachhaltige Entwicklung in der Schule
Ein Studienbuch
3., durchgesehene Auflage

Frankfurt am Main, Berlin, Bern, Bruxelles, New York, Oxford, Wien, 2009.
135 S., zahlr. Graf.
Umweltbildung und Zukunftsfähigkeit.
Herausgegeben von Dietmar Bolscho. Bd. 4
ISBN 978-3-631-59352-3 · br. € 14.80*

Nachhaltige Entwicklung (*sustainable development*) ist seit der Rio-Konferenz zu Umwelt und Entwicklung 1992 in Rio de Janeiro zum Leitbild internationaler und nationaler Umweltpolitik geworden. Umweltpädagogik hat dieses Leitbild aufgegriffen und Konzepte zur Bildung für Nachhaltige Entwicklung in Theorie und Praxis ausgeformt. Ein Defizit ist die noch nicht hinreichende Verbreitung von Bildung für Nachhaltige Entwicklung im schulischen und universitären Alltag. Dieses Studienbuch soll dazu beitragen, Studierende und Lehrende zur Auseinandersetzung mit dem Leitbild Nachhaltige Entwicklung in seiner pädagogischen Bedeutung anzuregen. Es werden Entwicklung und Diskussionsstand zu Bildung für Nachhaltige Entwicklung aufbereitet und die zentralen konzeptionellen Bezugspunkte und Praxisbeispiele dargestellt.

Aus dem Inhalt: Entwicklung von der Umweltbildung zur Bildung für Nachhaltige Entwicklung · Leitlinien · Curriculare Rahmenbedingungen und didaktische Prinzipien von Bildung für Nachhaltige Entwicklung · Praxisbeispiele · Forschungsperspektiven

Frankfurt am Main · Berlin · Bern · Bruxelles · New York · Oxford · Wien
Auslieferung: Verlag Peter Lang AG
Moosstr. 1, CH-2542 Pieterlen
Telefax 00 41 (0) 32 / 376 17 27

*inklusive der in Deutschland gültigen Mehrwertsteuer
Preisänderungen vorbehalten
Homepage http://www.peterlang.de